# HELMUT RAUCH

# I 7 VIZI CAPITALI DELLE AZIENDE

## Come Costruire e Mantenere Solide Basi per lo Sviluppo Aziendale e Raggiungere un Successo Duraturo

Titolo

"I 7 VIZI CAPITALI DELLE AZIENDE"


Autore

Helmut Rauch


Editore

Bruno Editore


Sito internet

http://www.brunoeditore.it

# Sommario

# Introduzione

Quando parliamo di successi aziendali, di solito ci vengono in mente, prima ancora dei colossi storici, soprattutto quelle aziende che, in un decennio o poco più, sono riuscite a crescere in modo esponenziale e a essere onnipresenti nella nostra vita: Apple, Google, Microsoft, Amazon, Facebook. Molte di queste vent'anni fa non esistevano neanche, mentre delle società che vent'anni fa dominavano i listini di borsa oggi si sente parlare poco.

Ogni imprenditore conosce, nel suo ambiente, imprese che, in proporzione, hanno fatto performance straordinarie, con un fatturato in esplosione e altre che sono rimaste ferme. Da cosa dipende? Cosa determina il successo di certe aziende e cosa, invece, porta all'involuzione? Perché? Perché? Perché?

Come consulente, in quasi quarant'anni di attività, assieme ai professionisti specializzati che lavorano con me, ho svolto progetti pluriennali con molte grandi aziende di settori diversi –

automobilistico, della componentistica, bancario, farmaceutico, della grande distribuzione – ma soprattutto con centinaia di piccole e medie imprese (PMI) all'avanguardia nel loro settore.

Ho conosciuto imprenditori e amministratori delegati che hanno sviluppato una nuova attività partendo da zero, o che hanno ereditato una piccola attività e l'hanno sviluppata gradualmente, portando innovazione e creatività (in Italia esistono circa 220.000 aziende che comprendono dai 10 ai 249 addetti, con un totale di 5,4 milioni di addetti).

Imprenditori che cercano continuamente di migliorare tutti gli aspetti della loro attività e che, con impegno e soddisfazione e, spesso, anche con molta fatica, con la loro iniziativa creano anche opportunità e ricchezza per gli altri, per la loro comunità, per le istituzioni.

La volontà di crescere e di affermarsi, di essere sempre più bravi è alla base dello sviluppo della vita, a cominciare dal mondo delle piante, dove si sono sviluppate quelle che, in un certo periodo e in determinate condizioni ambientali, si sono "date da fare di più per la propria sopravvivenza" (ad esempio mettendo radici più profonde nei periodi di siccità), per arrivare agli animali e infine all'uomo, che ha saputo adeguarsi e meglio utilizzare le caratteristiche di ogni contesto.

Nei periodi in cui i cambiamenti nella vita economica sono stati più lenti, gli sviluppi sono avvenuti in termini di decenni, spesso di generazioni. Ma ora i cambiamenti avvengono con una velocità esponenziale e a ritmo altrettanto esponenziale devono avvenire gli adeguamenti e le anticipazioni dei possibili sviluppi futuri, anche nelle aziende.

Con questo libro mi rivolgo agli imprenditori, a quelli che hanno già creato o sviluppato una loro attività e vogliono essere pronti per un salto nel futuro, e anche ai nuovi imprenditori che vogliono partire con il piede giusto.

Molti imprenditori che da giovani hanno partecipato ai nostri seminari interaziendali hanno continuato ad affidarci i loro collaboratori e poi anche i loro figli. Sono particolarmente fiero di questo e voglio restituire loro quello che ho imparato osservandoli, evidenziando alcuni fra i maggiori rischi nella gestione delle loro aziende, per aiutarli a prenderne consapevolezza e avviare le misure necessarie per continuare a farle crescere. Perché a ognuno di noi capita di prendere decisioni sbagliate, o di reagire in ritardo ad alcuni cambiamenti, o magari di rimanere seduto sui propri successi passati che però rischiano di svanire in un futuro molto vicino.

Come metodo, nel libro ho utilizzato un concetto che forse ricordiamo dai tempi della scuola e del catechismo: "I sette vizi capitali" che, nella tradizione cristiana, sono considerati quelli che generano altri peccati, altri vizi. La differenza tra peccato e vizio è che il peccato viene commesso di tanto in tanto, occasionalmente, ma quando diventa un comportamento reiterato che si compie anche senza rendersene conto, diventando causa di altri peccati, si parla di "vizio".

Più prosaicamente, nella gestione delle nostre attività, i "sette vizi capitali" sono quei malfunzionamenti che, come conseguenza, causano altri effetti negativi. Ogni vizio ha conseguenze negative dirette e immediate, ed effetti indiretti lontani nel tempo.

Il termine "vizi capitali" si riferisce, oltre alla dimensione del possibile danno diretto, soprattutto al fatto che sono all'origine di danni crescenti che impediscono la crescita e che sono difficili da individuare.

Ecco perché, traendo spunto da alcuni nostri seminari in cui applichiamo questi principi al lavoro del manager e del venditore, ho applicato il concetto alla gestione delle aziende nel loro complesso, con uno sguardo un po' più distaccato che più facilmente riesce a non farsi distrarre dalle urgenze di gestione quotidiana. Invito gli imprenditori e i manager ad accompagnarmi in questo viaggio.

Esamineremo uno a uno quelli che, secondo me, sono i vizi più diffusi nelle aziende, le possibili conseguenze di questi vizi e come prevenirli ed evitarli. Se invece sei in una fase negativa del tuo business, cogli l'occasione per ripensarlo e, come nel rugby, lancia la palla all'indietro per portarla alla meta da un punto più propizio, dove la via è più libera.

È il momento giusto per ripensare ai tuoi mercati, ai progetti, all'organizzazione aziendale. Certo, non è facile fare investimenti in un periodo di fatturati e margini in calo, e vanno attentamente valutati, ma è proprio questo il momento per scoprire nuove vie. «La necessità aguzza l'ingegno». E, se lo facciamo, facciamolo bene: step by step, con le necessarie analisi e azioni nei tempi pianificati. Diamo alla mappa del nuovo business l'opportunità di saggiare il terreno.

Probabilmente hai già scoperto alcuni dei "vizi" esposti nel libro e preso le opportune misure. In tal caso ti prego di contattarmi tramite l'indirizzo di posta elettronica info@helmutrauch.it, per raccontarmi come hai affrontato la situazione e i risultati che hai ottenuto o, meglio ancora, se hai scelto strade diverse.

Tuttavia ti suggerisco di leggere comunque tutti i capitoli per vedere la situazione da un'altra angolatura e capire se hai preso le misure giuste. Anche uno solo dei vizi può segnare il futuro della tua impresa.

Oggi disponiamo di così tante informazioni, studi e analisi, che spesso ci riesce difficile seguire tutto e rimanere aggiornati. Per questa ragione qui voglio concentrarmi sui concetti chiave per individuare, dove possibile, gli esempi della vita che si spiegano da soli, come nel capitolo 5, dove parlo anche di cosa possiamo imparare dai bambini.

Come imprenditori e manager, chiediamoci su quale "ramo dell'evoluzione" si trova la nostra azienda. Possiamo immaginare l'evoluzione come un albero gigantesco con molti rami, alcuni ben sviluppati e rigogliosi e altri rinsecchiti.

Su questi ultimi, probabilmente, troveremo imprese come Kodak, Nokia, Blockbuster e molte altre. Una volta che il flusso della linfa vitale si è arrestato, o fortemente ridotto, è difficile che quel ramo diventi di nuovo forte.

Oppure ci troviamo su un ramo forte, magari anche solo un piccolo ramoscello, ma con foglie verdi e rigogliose? Lo possiamo verificare leggendo i vari capitoli.

Nel **capitolo 1**, *Come garantire un futuro al tuo business*, il vizio trattato è quello che deriva dal non aver definito bene oppure non aver aggiornato gli obiettivi generali, il mercato, i prodotti o i servizi dell'azienda, il "perché ci siamo e cosa vogliamo essere" in un mondo in forte cambiamento.

Nel capitolo 2, *Come creare senso di appartenenza*, il vizio trattato è quello che deriva dal non aver condiviso in azienda una meta da raggiungere e i valori che ci guidano.

Il capitolo 3, *Come rimanere attraenti per i propri clienti*, è dedicato al rischio di perdere di vista le situazioni affrontate dai nostri clienti.

Nel capitolo 4, *Come monitorare i tuoi concorrenti*, guarderemo invece ai nostri competitor per capire le loro strategie e se ci sono pericoli nascenti o possibili sinergie.

Nel capitolo 5, *Come motivare e gestire le persone*, presenteremo alcuni principi per motivare i nostri collaboratori. Un vizio molto diffuso è quello di non saper guidare i propri collaboratori in modo efficace.

Nel capitolo 6, *Come salire sul treno dell'innovazione*, il vizio è non affrontare in tempo utile le innovazioni importanti per il proprio settore, soprattutto nel campo del marketing e delle vendite.

Nel capitolo 7, *Perché seguire i trend dell'etica sociale*, il vizio è quello di considerarsi "figlio unico" della società, con solo diritti e niente doveri, e ti invita a seguire anche i trend attuali di produzione e comportamento attenti all'ambiente e all'etica.

Non è un libro di "tecniche manageriali" spiegate in dettaglio, ma vuole fornire stimoli di riflessione per alcune possibili cause di delusioni economico-aziendali e suggerimenti semplici, di buon senso, per dare nuovo slancio all'attività.

La mia filosofia è: cerchiamo di tenere le procedure il più semplici possibile, ma facciamo tutto quello che è utile fare nella nostra specifica situazione. L'imprenditore e il top management devono rimanere concentrati sulle linee strategiche e delegare al livello manageriale o specialistico il compito di trovare e implementare le soluzioni adatte.

Buona lettura! E, soprattutto, buona realizzazione di almeno una delle proposte!

# Capitolo 1:
# Come garantire un futuro al tuo business

*In questo capitolo tratteremo il vizio di non focalizzare bene i fattori esterni che influiscono sul proprio business. Non tenere conto di questi fattori può portare in breve tempo a un declino, oppure, in caso positivo, a uno sviluppo molto consistente.*

Nel mondo delle aziende succedono cose che si faticano ad assimilare: Airbnb, nata nel 2008, oggi vale più della Fiat Chrysler Automobiles. Vale più della catena Hilton Hotels che possiede oltre 5.000 hotel in tutto il mondo. Eppure Airbnb fa un servizio molto semplice: mette in contatto le persone che cercano una casa o un appartamento per un breve periodo, in una qualunque parte del mondo, con chi la ha da affittare.

Dall'altro lato, un'azienda come Kodak, conosciuta da tutti, e che nel 2011 aveva ancora 145.000 dipendenti, è andata in amministrazione controllata e oggi, con dimensioni molto più ridotte, si sta faticosamente riprendendo, ma soltanto nell'ambito di specifici settori. Evidentemente non ha visto in tempo l'arrivo dell'analogico.

Ti ricordi di Nokia? Negli anni '80 e '90, e fino al 2007, era il top della telefonia portatile, mentre oggi è quasi sparita dalla circolazione, non se ne sente parlare quasi mai. In questo caso sembra che un ruolo importante lo abbiano giocato anche una cultura aziendale e un comportamento del top management lontani da ogni criterio di buona gestione dei collaboratori.

In uno studio approfondito, pubblicato in una rivista di settore (*Insead Knowledge*), intitolato *Come Nokia ha perso la battaglia dello smartphone*, si cita anche il clima autoritario, la paura di dire la verità e di proporre soluzioni innovative, la mancanza di chiarezza nelle direttive. Ma approfondiremo questi aspetti nei capitoli 2 e 5.

Molte attività imprenditoriali nascono da un'idea, da un'intuizione, oppure dalla trasposizione di un concetto visto praticare con successo da altri, in altri luoghi o altri stati. Non bisogna necessariamente essere i primi a operare su un nuovo mercato, anzi, molto spesso sono proprio i secondi o i terzi a diventare leader di mercato, perché hanno potuto costruire su una maggiore conoscenza del mercato, imparare dagli errori compiuti dai primi ed evitare alcuni investimenti sbagliati che, proprio nella fase iniziale, quando spesso ci sono problemi di reperimento fondi, limitano maggiormente gli sviluppi.

Dopo la prima fase di test, e il successo dei primi periodi, si tende a consolidare e sviluppare ulteriormente quella base e i concetti che hanno portato al successo. Tuttavia questa, che è una buona opportunità e un'ottima strategia iniziale, può creare la base di ulteriori successi ma anche di problemi futuri.

Dopo un po' di tempo, infatti, si rischia di non vedere più con il necessario distacco critico i cambiamenti del mondo esterno, i nuovi sviluppi della tecnica (vedi l'esempio di Kodak citato prima) anche al di fuori dello stretto campo della propria attività, e i nuovi competitor che partono da basi e concetti diversi e magari più evoluti.

**CONSIGLIO n. 1: valuta periodicamente in modo critico e con distacco le possibili ripercussioni dei cambiamenti nel mondo esterno sulla tua azienda.**

Al di là degli esempi macroscopici sopra riportati, ce ne sono migliaia nella nostra zona e nel nostro settore, solo che non fanno tanto scalpore. E potrebbe succedere anche a noi. O no? Ne siamo sicuri?

Ecco alcuni esempi più "alla nostra portata". Ad esempio, le aziende del commercio al dettaglio. Negli ultimi 10 anni, in Italia, hanno chiuso oltre 60.000 attività commerciali. I clienti si sono prima spostati verso i centri commerciali e poi verso l'e-commerce. Una volta, nei paesi c'erano i negozi alimentari che vendevano quasi tutto quello che poteva servire a un'economia domestica di base. Poi si sono aggiunti i negozi più specializzati ma pur sempre "di vicinanza": scarpe, abbigliamento, articoli per il giardinaggio, articoli da regalo ecc.

Poi hanno cominciato a soffrire anche loro, i clienti sono andati nei centri commerciali dove trovavano una serie di negozi specializzati tutti nello stesso posto. Ma anche i centri commerciali adesso cominciano a sentire la competizione della vendita online. Laddove resistono, ci riescono per la specializzazione dei negozi, la consulenza e la retail experience che offrono, e anche per un'altra ragione: il piacere di camminare in modo rilassato, di curiosare, in un ambiente protetto, riscaldato d'inverno e rinfrescato d'estate, con tante novità. È il piacere di "sentirsi in un ambiente dinamico".

Sviluppi molto simili si sono avuti in altri settori: ad esempio quello dell'editoria, dove si stanno diffondendo sempre più gli ebook e gli audiolibri; quello dei giornali e dei periodici, con un sempre più massiccio spostamento verso le edizioni elettroniche (tanto per dire: il *New York Times* ormai ha più ricavi dall'editoria elettronica che da quella stampata); vari settori della produzione dove, attraverso le tecnologie 4.0, le grandi aziende riescono a produrre beni anche in serie limitate se non addirittura personalizzati (e ne sono dimostrazione i tanti capannoni abbandonati e non più utilizzati).

Anche nel settore bancario ci sono tantissimi esempi. Fino a pochi anni fa, quasi tutte le banche continuavano ad aprire filiali, con gli enormi costi che ne conseguivano, mentre altre già puntavano su internet e le società di investimento crescevano a ritmo esponenziale. Oggi le banche stanno chiudendo molte filiali e offrendo nuovi servizi prima snobbati, come assicurazioni e forme di investimento innovative.

**CONSIGLIO n. 2: chiediti perché un tuo cliente dovrebbe continuare a rivolgersi a un fornitore come te; qual è il valore aggiunto che gliene deriva?**

**CONSIGLIO n. 3: chiediti anche perché il tuo cliente non dovrebbe acquistare da te servizi e prodotti analoghi a quelli che attualmente compra da altri fornitori.**

Anch'io ho commesso un errore di questo tipo, con le newsletter. Negli anni '80 e '90 producevamo e vendevamo sul territorio nazionale diverse newsletter: "Servizio Esterno di Vendita", "Direttore Vendite e Marketing", "Idee per il Capo" e altre. Erano molto informative, non contenevano pubblicità, le vendevamo a prezzi remunerativi e dagli abbonati venivano anche molti partecipanti ai corsi interaziendali e clienti per gli interventi aziendali.

Negli anni '90, poi, fiorì una grande quantità di newsletter digitali gratuite e i nostri abbonamenti a pagamento persero molti clienti, fino a produrre addirittura una perdita. Smettemmo di produrle, ma perdemmo anche una buona leva di marketing per i nostri corsi. Non avevamo riconosciuto in tempo il trend del digitale e non ci eravamo preparati per trovare un altro mercato in crescita. O forse sì, perché infatti ci eravamo alleati con un network internazionale di consulenti che curava spesso progetti per clienti internazionali, di cui noi eravamo il partner per l'Italia e curavamo gli interventi per le relative filiali e sedi nazionali.

Allora, cosa fare? Molti diranno: «La mia attività va bene, sta crescendo. Dovrei disperdere la mia attenzione e la mia concentrazione? Dovrei cambiare un cavallo vincente?» «Non stiamo andando benissimo, ma anche i nostri concorrenti non stanno meglio, è il settore/il periodo/la crisi generale!» «Non voglio investire e magari indebitarmi con una nuova attività o forma di attività, con tutti i rischi della situazione odierna»; «Già non trovo il tempo necessario per seguire e sviluppare l'attuale attività, come faccio e concentrarmi su progetti e idee nuovi?»

Ti ritrovi in una di queste frasi? Sono tutti elementi comprensibili ma non giustificano l'abbandono della ricerca del nuovo, di guardare "oltre lo steccato".

**CONSIGLIO n. 4: anche se la tua attività sta andando a gonfie vele, prenditi almeno una volta all'anno due giorni "off" per guardare la tua azienda "da lontano", con l'occhio di un potenziale investitore esterno.**

Nella nostra attività di consulenti, ai clienti che si pongono il problema di come si evolverà il loro settore di attività, se si manterrà attrattivo per un certo numero di anni o se sia necessario puntare su qualcosa di nuovo, proponiamo uno strumento che, pur essendo in uso da decenni, non ha perso niente della sua utilità per la pianificazione strategica (e, come vedremo più avanti, anche per temi collegati alla vendita): l'analisi SWOT.

Consiste di tre fasi:

1. Ricercare, spesso utilizzando anche la tecnica del brain storming e coinvolgendo i responsabili dei vari reparti, tutte le informazioni raggruppate nelle seguenti categorie:

   a. *Punti di forza interni (strenghts)*: cosa ci caratterizza in modo positivo, quali sono i vantaggi riconosciutici dai clienti, punti di forza che ci differenziano dalla concorrenza, disponibilità di know-how, di risorse personali e finanziarie, immagine etica, efficacia organizzativa ecc.

   b. *Punti di debolezza interni (weeknesses)*: il contrario di cui al punto precedente, cioè dove siamo più deboli rispetto alla concorrenza, quale know-how ci manca, quali risorse ci mancano, in cosa sono più forti i concorrenti (gamma offerta, specialisti, condizioni economiche, localizzazione, immagine, attività promozionale).

   c. *Opportunità esterne (opportunities)*: i nuovi trend che potrebbero aprire nuove prospettive, sviluppi tecnologici che potremmo utilizzare meglio, nuove possibilità offerte da accordi internazionali o da nuove leggi ecc.

   d. *Minacce esterne (threats):* il contrario di cui al punto precedente: sviluppi tecnologici e legislativi che possono danneggiarci, nuove abitudini dei consumatori, nuovi competitor che si affacciano in altre zone geografiche o in altri settori o che partono da altre dimensioni aziendali.

2. Valutazione critica e approfondimento di quanto emerso nel brain storming: quali sono i punti di debolezza interni più critici nel medio periodo? Quali sono le minacce esterne che possono avere l'effetto più devastante sulla nostra attività? Quali sono i punti di forza che possiamo sviluppare e soprattutto utilizzare maggiormente? Quali sono le opportunità esterne che offrono le maggiori possibilità di sviluppo per noi? Da qui, stilare un elenco delle priorità strategiche.

3. Sviluppare un piano d'azione, cominciando dalle priorità strategiche. Assegnare compiti e obiettivi a ogni membro del team.

Accennavo a un'altra possibilità di utilizzo dell'analisi SWOT che in questa sede è menzionata solo per completezza, perché riguarda un altro ambito, specificatamente le vendite. Utilizzare la stessa tecnica, concentrata soprattutto sui punti di forza e di debolezza interni, per trovare ed elaborare gli argomenti sui quali puntare nel marketing e nelle argomentazioni di vendita, per prevedere le possibili obiezioni dei clienti e prepararsi per reagire e rispondere in modo esaustivo e vincente.

**CONSIGLIO n. 5: ogni due anni, esegui un'analisi SWOT coinvolgendo persone di tua fiducia dall'interno ma anche dall'esterno della tua azienda (ad esempio un consulente, un cliente fidato, un ricercatore, un giornalista).**

## Cosa non fare

L'analisi strategica, oltre ad aiutarci a definire il "cosa fare", ci aiuta anche a definire il "cosa *non* fare". Quandanche un mercato, o una nicchia di mercato, fosse in forte sviluppo, se non abbiamo le conoscenze, le risorse, le strutture, la mentalità necessaria, probabilmente è meglio non puntare su quel mercato, perché il rischio sarebbe molto alto.

Diversificare all'interno del proprio mercato comporta sempre anche un rischio, ma diversificare al di fuori di quel mercato rende il rischio molto maggiore.

## Vision e Mission

L'analisi SWOT è anche un'ottima base per definire la *Vision* e la *Misson*. La Vision (o visione) è la descrizione dell'obiettivo che l'azienda vuole raggiungere, nel medio-lungo periodo, in termini di utilità fornite al cliente, di settore, di livello di qualità, di posizione di mercato, di attenzione all'ambiente e alle persone e altri fattori ritenuti importanti. Vi troviamo, in sintesi, molti concetti già espressi ed esaminati.

Possiamo iniziare a costruire la Vision prendendo spunto dai nostri punti di forza (strengths) e dalle opportunità esterne. Di solito la Vision è piuttosto sintetica, a volte si riassume anche in una sola frase, ma questo dipende da molte circostanze, come il prodotto, il livello innovativo, la dimensione aziendale, il livello di visibilità e altre. Se formulata bene, la Vision aiuta a creare senso di appartenenza nei collaboratori e una buona immagine tra il pubblico.

La Mission tendenzialmente riguarda il "come raggiungere la Vision" quindi è più tattica, rivolta al presente e al prossimo futuro: quali passi mettere in atto, cosa sviluppare a breve (sempre formulato in modo positivo). Praticamente un piano d'azione.

**CONSIGLIO n. 6: fai un "viaggio nel futuro" e descrivi come si sarà sviluppata la tua attività e quali traguardi avrai raggiunto.**

RIEPILOGO DEL CAPITOLO 1:

- CONSIGLIO n. 1: valuta periodicamente in modo critico e con distacco le possibili ripercussioni dei cambiamenti nel mondo esterno sulla tua azienda.

- CONSIGLIO n. 2: chiediti perché un tuo cliente dovrebbe continuare a rivolgersi a un fornitore come te; qual è il valore aggiunto che gliene deriva?

- CONSIGLIO n. 3: chiediti anche perché il tuo cliente non dovrebbe acquistare da te servizi e prodotti analoghi a quelli che attualmente compra da altri fornitori.

- CONSIGLIO n. 4: anche se la tua attività sta andando a gonfie vele, prenditi almeno una volta all'anno due giorni "off" per guardare la tua azienda "da lontano", con l'occhio di un potenziale investitore esterno.

- CONSIGLIO n. 5: ogni due anni, esegui un'analisi SWOT coinvolgendo persone di tua fiducia dall'interno ma anche dall'esterno della tua azienda (ad esempio un consulente, un cliente fidato, un ricercatore, un giornalista).

- CONSIGLIO n. 6: fai un "viaggio nel futuro" e descrivi come si sarà sviluppata la tua attività e quali traguardi avrai raggiunto.

# Capitolo 2:
# Come creare senso di appartenenza

*In questo capitolo guarderemo di più al nostro interno. Il vizio trattato è quello di non aver reso partecipi i collaboratori del grande obiettivo che vogliamo raggiungere, della Vision aziendale. Un grande obiettivo crea comunità e dà incredibile forza al gruppo. La sua assenza, invece, porta alla perdita del senso di appartenenza e quindi dell'impegno e dell'innovazione.*

Ho conosciuto molti imprenditori e top manager, illuminati e aperti, che avevano una Vision chiara, che avevano costruito delle ottime aziende, che "vedevano" la strada per sviluppare ulteriormente l'attività, che erano convinti di aver sempre parlato chiaramente della loro filosofia aziendale, che pensavano di aver sempre incoraggiato i propri collaboratori a esprimersi, anche criticamente... e che poi rimanevano sorpresi perché non si capacitavano del fatto che dei collaboratori con un buon potenziale di crescita lasciavano l'azienda, magari affermando che lo facevano perché il loro potenziale e la loro professionalità non venivano utilizzati.

Oppure perché non c'era quello spirito di appartenenza che loro credevano sinceramente di aver creato. Oppure perché, in maniera riservata, con un intervistatore esterno, le persone si lamentavano perché avevano l'impressione che la visione d'insieme ce l'avesse solo il grande capo, che ogni responsabile curasse solo il proprio orticello, che i problemi venissero insabbiati e cose simili.

Negli occasionali colloqui avuti con gli amici dei miei figli, spesso ho notato un atteggiamento di delusione verso l'azienda in cui lavoravano. «Ci chiedono di preparare qualcosa con la massima urgenza senza specificare perché sia così urgente, noi ci impegniamo, anche facendo gli straordinari, e poi neanche un grazie, non ci danno nessun feedback, non ci dicono se e come l'hanno utilizzato».

Oppure: «Cambiano direttore generale ogni due anni e ognuno di loro vuole fare in modo diverso, lasciando perdere anche quello che di buono era stato fatto precedentemente». O ancora: «Nel mio lavoro devo collaborare con colleghi di altri reparti che spesso hanno ricevuto dai loro capi input diversi dai miei».

Tutti, anche i migliori, qualche volta sbagliano, o pensano di essere stati chiari e invece non lo sono stati, oppure possono essere fraintesi. Anche il "fallimento" di singole iniziative o azioni fa parte dello sviluppo.

Poi, ovviamente, ci sono casi in cui c'entrano la malafede di alcuni dipendenti o manager, o le loro capacità non allineate al ruolo, o la mancanza di tempo per ragioni di priorità. Molte volte però si tratta proprio di uno scarso o assente coinvolgimento e di una mancata condivisione della Vision e della Mission aziendali.

Anche all'interno di famiglie proprietarie di un business e con i membri della famiglia coinvolti nella sua gestione, non è per niente scontato che le Vision siano allineate o che l'obiettivo e le strategie siano chiari a tutti i membri. A maggior ragione, è necessario condividere la Vision e la Mission. Tutti quanti devono tirare nella stessa direzione, altrimenti il carro non avanza.

**CONSIGLIO n. 7: nelle riunioni aziendali, sottolinea sempre le connessioni tra le decisioni prese e la Vision che le motiva.**

Uno dei rischi maggiori per gli imprenditori illuminati deriva dal non lasciare, nelle riunioni, abbastanza spazio agli interventi degli altri, dirigenti o responsabili di reparto che siano.

Dal canto loro, gli altri prendono la cattiva abitudine di dire di sì anche se non sono convinti, solo per compiacere il grande capo o per non esporsi alle critiche. Poi succede quanto scritto nell'introduzione di questo capitolo.

**CONSIGLIO n. 8: fai presentare e motivare delle decisioni dai tuoi responsabili: saranno maggiormente coinvolti nella loro applicazione e potrai capire se ne hanno veramente capitole ragioni profonde.**

Si è spesso rivelato molto utile che qualche workshop di condivisione venga facilitato da un consulente esterno che prima ha condotto delle interviste con alcuni o con tutti i partecipanti. Infatti, nelle interviste individuali riservate vengono fuori aspetti che in una discussione di gruppo non verrebbero detti, per paura, per rispetto o per non esporsi. Quindi il consulente può indirizzare in modo neutro le discussioni su tali argomenti.

Dopo aver elaborato la Vision con la proprietà e con il top management, bisogna presentarla, motivandola, a tutto il personale. Se tutti sanno che ognuno sa qual è l'obiettivo e quali sono i valori e le competenze da raggiungere, è più difficile tenersi fuori o, addirittura, deviare. La Vision dell'azienda è un po' come la Costituzione della nostra Repubblica: crea un quadro di riferimento che tutti noi dovremmo seguire.

Certo, nella nostra vita pubblica e privata di cittadini ci sono moltissime deviazioni e inosservanze alla Costituzione, ma proviamo a immaginare come sarebbe la situazione se non ci fosse nessuna Costituzione. Questo vale anche per la Vision aziendale: la visione comune degli obiettivi crea un maggiore impegno, una migliore condivisione, una maggiore costanza nello sforzo di raggiungerli.

**CONSIGLIO n. 9: verifica con cura se la Vision aziendale è**

**compresa e vissuta dai vari livelli gerarchici, cominciando da te stesso, fino alla base.**

La cultura organizzativa basata su una Vision forte e condivisa crea senso di appartenenza e rappresenta una grande "forza invisibile". Forte in quanto costituisce uno dei principali elementi che favoriscono o impediscono il cambiamento all'interno di ogni organizzazione; invisibile perché attinge a dimensioni di tipo affettivo, valoriale e simbolico, per tradursi in atteggiamenti, norme e comportamenti.

Sono quindi elementi di tipo culturale che, se gestiti correttamente dalla direzione aziendale, evitano attriti, incomprensioni e, in alcuni casi, l'investitura di leader informali che non sempre rappresentano gli interessi dell'azienda.

Conoscere e comprendere gli aspetti caratterizzanti della "cultura organizzativa" della propria azienda mette la direzione aziendale e la proprietà nella condizione di gestire al meglio il processo di cambiamento.

Questa conoscenza è particolarmente utile prima di effettuare interventi di ristrutturazione o cambiamenti, di fusione o acquisizione di altre aziende, o in fase di passaggio generazionale.

## Come si costruisce una cultura aziendale che crea "senso di appartenenza"?

"Appartenere a un gruppo" è una delle esigenze basilari dell'essere umano. L'appartenenza non è tanto un fatto amministrativo ("sono dipendente dell'azienda"), ma un fattore emotivo e psicologico. Non possiamo imporre a nessuno di "appartenere", possiamo solo creare le premesse affinché qualcuno possa sentirsi appartenente.

Più vivo è il senso di appartenenza a un'azienda, più c'è impegno, identificazione, ricerca di fare meglio, soddisfazione, comunicazione aperta, presa in carico, coinvolgimento. Più ci diamo da fare per la sua prosperità, più il nostro agire si allinea alle sue esigenze, più l'azienda riesce ad attrarre i talenti.

In assenza, di tutto ciò, invece, l'azienda rischia di dare un'immagine negativa anche sul mercato e che i collaboratori con più talento cerchino lavoro in aziende con una cultura migliore. Ecco perché per ogni azienda e organizzazione, così come per qualsiasi altra entità, è importantissimo creare questo senso di appartenenza.

Quali sono allora gli elementi che favoriscono il senso di appartenenza? La possibilità di partecipare alla costruzione di qualcosa di importante (in relazione al livello di responsabilità o di sviluppo nel quale ci troviamo) è uno stimolo naturale insito nell'evoluzione della vita, lo vediamo già nei bambini più piccoli che spesso dicono «faccio io»: aspirano al piacere di riuscire in qualcosa che non hanno ancora fatto. E lo fanno spontaneamente, non in vista di un "premio".

**CONSIGLIO n. 10: nei colloqui periodici con i tuoi collaboratori, cerca sempre di concordare degli obiettivi da raggiungere, allineati alla Vision.**

Molte persone, e magari anche nostri collaboratori, si sono "sedute", non vogliono assumersi delle responsabilità e sperano solo di arrivare tranquillamente e prima possibile alla pensione.

Magari sono diventate così per delle pessime esperienze di lavoro pregresse, come via per sopravvivere, talvolta a causa del proprio sviluppo personale. In ogni caso, sono i "rami secchi" dell'evoluzione.

Dobbiamo valutare se c'è qualche possibilità di recuperarli (magari "scoprendoli" a fare qualcosa bene), se possono essere ricollocati oppure se sono, appunto, rami secchi che prima o poi bisogna tagliare. Sicuramente la nostra attenzione maggiore dobbiamo destinarla ai possibili "costruttori", persone che hanno la voglia e il potenziale per portare benefici all'azienda.

Un altro elemento che crea appartenenza è "vedere". Tutte le persone hanno bisogno di essere "viste". Dobbiamo cogliere tutte le occasioni per poter fornire riconoscimenti per un obiettivo raggiunto, per qualcosa di ben fatto, per un contributo di critica costruttiva.

Bisogna dare riconoscimenti materiali dov'è il caso, ma soprattutto immateriali, dando alle persone compiti crescenti, affidando loro la presentazione di un nuovo progetto, di un'analisi, di qualche idea nuova alla quale hanno contribuito.

**CONSIGLIO n. 11: prendi l'abitudine di vedere "le cose ben fatte" e non solo le azioni sbagliate.**

**Il ritorno economico del senso di appartenenza**

Abbiamo analizzato diverse ricerche sul senso di appartenenza:

- Una ricerca di Towers Perrin, condotta in Italia, evidenzia che solo l'11% dei lavoratori si sente motivato e il 40% parzialmente stimolato, contro un 49% moderatamente o completamente demotivato.

- Una ricerca di Franklin Covey, condotta negli Stati Uniti e in Canada su 23.000 persone, evidenzia che solo 1 su 5 è entusiasta del suo team di lavoro e della sua azienda.

- Da una ricerca Gallup, condotta in Germania, risulta che 8 dipendenti su 10 non sentono un particolare impegno verso il loro lavoro e che 3 su 4 fanno solo "quello che è loro richiesto di fare".

*Quindi il problema c'è.*

Una ricerca dell'Università di San Gallo, in Svizzera condotta su 33 aziende e 20.000 persone, evidenzia invece il potenziale di profitto che sta in una buona cultura aziendale:

- nelle aziende dove i collaboratori si sentono motivati e coinvolti, l'utile è mediamente più elevato del 71%;
- dove la fiducia è ritenuta più importante del controllo, l'utile è più elevato del 62%;
- dove c'è comunicazione aperta e critica costruttiva, l'utile è più elevato del 46%.

*Quindi il vantaggio economico che deriva dal senso di appartenenza è elevato.*

Il metodo Grid®, che abbiamo introdotto in Italia e rappresentato per oltre vent'anni, è applicato in tutto il mondo per il miglioramento della cultura aziendale nelle organizzazioni e per sviluppare il senso di appartenenza. Molte altre organizzazioni di consulenza propongono soluzioni tecniche e organizzative per migliorare il bottom line, noi ci siamo specializzati su quei componenti "soft" che aumentano la volontà di contribuire e che migliorano la collaborazione nei team e tra i reparti.

Il team building è molto importante: nessuno di noi è intelligente quanto tutti noi messi insieme. Nei nostri seminari relativi all'argomento ci sono anche degli esercizi di produttività, con risultati misurabili. Si tratta di trovare le risposte giuste a molte domande, e i risultati prodotti dal lavoro di gruppo sono sempre nettamente migliori del migliore degli individuali.

*Quindi la soluzione c'è* (e si tratta di un investimento relativamente modesto che aumenta il ritorno su tutti gli altri investimenti che l'azienda fa in impianti, macchinari, ricerca, organizzazione, personale).

**CONSIGLIO n. 12: nel piano di investimenti, riserva una piccola parte anche al miglioramento della cultura aziendale.**

Una buona cultura aziendale favorisce l'innovazione e la sperimentazione, che comportano sempre anche dei rischi che devono essere accettati e non sanzionati. Ovviamente va analizzato bene il perché dell'eventuale insuccesso, ma non va punito chi ha sviluppato l'iniziativa e il suo team (sempre che non ci siano stati gravi omissioni o errori). Altrimenti si rischia di bloccare del tutto la voglia di innovare e sperimentare.

N.B. A scanso di equivoci, voglio precisare che la Vision e la Mission devono sì essere trasmesse a tutto il personale (e anche all'esterno), ma solo quando sono definite e decise. Finché le opzioni strategiche sono ancora in fase di studio e di validazione, è meglio lavorare all'interno di un gruppo strettamente selezionato, perché altrimenti si rischia di renderle note troppo presto alla concorrenza, dandole la possibilità di prepararsi, o magari anche di anticipare l'iniziativa, oltre che di creare confusione e perdere credibilità.

Un esempio per tutti: quando Mark Zuckerberg, nel giugno 2019, ha comunicato in pubblico l'intenzione di lanciare Libra, la moneta alternativa digitale, le basi strategiche erano già state definite e avviate e gli accordi importanti con molti player internazionali erano già stati formalizzati. Avendo visto l'ingente eco che ha avuto la notizia, immaginiamoci l'effetto entusiasmante che ha avuto su tutta la platea di collaboratori interni e fornitori esterni (oltre che sugli azionisti!).

RIEPILOGO DEL CAPITOLO 2:

- CONSIGLIO n.7: nelle riunioni aziendali, sottolinea sempre le connessioni tra le decisioni prese e la Vision che le motiva.

- CONSIGLIO n. 8: fai presentare e motivare delle decisioni importanti anche dai tuoi responsabili: saranno maggiormente coinvolti nella loro applicazione e potrai capire se ne hanno veramente capito le ragioni profonde.

- CONSIGLIO n. 9: verifica con cura se la Vision aziendale è compresa e vissuta dai vari livelli gerarchici, cominciando da te stesso, fino alla base.

- CONSIGLIO n. 10: nei colloqui periodici con i tuoi collaboratori, cerca sempre di concordare degli obiettivi da raggiungere, allineati alla Vision.

- CONSIGLIO n. 11: prendi l'abitudine di vedere "le cose ben fatte" e non solo le azioni sbagliate.

- CONSIGLIO n. 12: nel piano di investimenti, riserva anche una piccola parte al miglioramento della cultura aziendale.

# Capitolo 3:
# Come rimanere attraenti per i propri clienti

*Qui affronteremo il vizio di non aggiornare continuamente la nostra concentrazione sulle esigenze dei clienti, che ci fa perdere attrattività nei loro confronti.*

Di solito nei primi anni di qualsiasi attività imprenditoriale c'è una fortissima concentrazione sulle esigenze e sui desideri dei possibili clienti, oltre che sulle problematiche che devono affrontare. Essendo questa la base del successo, ci si concentra sempre più sullo sviluppo del proprio mercato.

Ma con lo sviluppo dell'attività, via via l'imprenditore deve affrontare anche molte altre questioni: investimenti, personale, produzione, organizzazione, logistica, finanze... Nelle PMI, di solito l'imprenditore non può permettersi di inserire dei collaboratori tanto qualificati da poter loro delegare completamente questi compiti, pertanto una parte più o meno vasta del suo tempo e delle sue energie viene dedicata a queste attività. In questo modo, il focus della propria attenzione rischia di spostarsi, anche in modo impercettibile, dall'iniziale concentrazione sulle esigenze del cliente.

Queste altre incombenze sopra evidenziate sono tutte importanti, ma vanno comunque a scapito di quella che è la prima ragione del successo: la concentrazione sui clienti. Certo, sviluppiamo, ampliamo, approfondiamo la nostra attività sul mercato individuato, ma non tutti i mercati offrono potenziali alti come, ad esempio, quelli dell'informatica e delle tecnologie digitali.

Anche i clienti si evolvono, applicano nuove tecnologie, innovano la produzione, trovano nuovi mercati e nuovi canali di vendita, si adeguano, a loro volta, ai cambiamenti dei loro clienti, si informano di più prima di acquistare.

Oppure, se siamo nel B2C, i consumatori possono migrare verso i canali internet o, se ad esempio siamo distributori, possono rivolgersi direttamente ai produttori – che possono essere nuovi o i nostri attuali fornitori – oppure ad altri canali. Tutto questo significa che dobbiamo sempre essere legati ai nostri clienti e approfondire le loro esigenze.

**CONSIGLIO n. 13: visita i tuoi clienti, non solo per vendere, ma soprattutto per conoscere la loro situazione e farti venire idee per possibili innovazioni.**

Se non puoi farlo direttamente, che siano tutti coloro che sono a diretto contatto con i clienti (i tecnici dell'installazione, quelli della manutenzione o i venditori e il customer service) a riferire quello che vedono e che sentono presso il cliente.

In particolare, assieme ai venditori, più che le vendite effettuate, bisogna analizzare anche il perché delle vendite perse, e non limitatamente alle "tecniche di vendita" e alle condizioni commerciali, che pure sono basilari, quanto piuttosto estendendo l'analisi alle nuove esigenze e aspettative dei clienti, ai loro processi produttivi e commerciali, ai clienti dei clienti.

**CONSIGLIO n. 14: chiedi ai tuoi venditori qualificati quali sono le esigenze dei clienti e non accontentarti della prima**

**risposta che verrà, ossia "vogliono prezzi più bassi"; al customer service, invece, chiedi quali problemi di servizio vengono segnalati, come viene valutata la qualità logistica ecc.**

Con i tecnici del servizio installazione e manutenzione, invece, a intervalli regolari, bisognerà discutere dei particolari problemi riscontrati presso i clienti o da loro manifestati, dei loro commenti sui tuoi prodotti e su quelli della concorrenza, dei dubbi espressi, delle opinioni sui competitor, dei nuovi strumenti e applicazioni che hanno visto.

**CONSIGLIO n. 15: ai tecnici dell'assistenza e dell'installazione non limitarti a chiedere di eventuali problemi legati ai tuoi prodotti, ma anche il perché di eventuali insoddisfazioni dei clienti, i commenti ascoltati sui competitor, i nuovi strumenti e applicazioni che hanno visto ecc.**

Attenzione però, qui non mi riferisco alle normali procedure di analisi della clientela, per sofisticate che possano essere e per necessarie e utili che siano. Quelle misurano soprattutto le potenzialità attuali e per il prossimo futuro, e forniscono dati per il miglioramento dell'approccio di marketing e vendita. Le esamineremo più avanti, in questo capitolo.

Qui invece ho voluto sottolineare lo sforzo necessario a scoprire potenzialità ancora nascoste. Per intenderci, quando nel 2008 è nata Airbnb (già citata nel capitolo 1), non è stato in base a una rigorosa analisi scientifica, ma semplicemente in base alla scoperta di un bisogno non ancora ben definito. Certo, una volta partiti con successo, poi hanno fatto tutte le analisi scientifiche per centrare meglio la loro offerta, capire meglio le varie categorie di clienti e così via, ma la partenza era semplicemente intuitiva, come spesso succede nei grandi cambiamenti.

Quello che qui sto proponendo è l'utilizzo della creatività e dell'inventiva per creare un nuovo settore di mercato.

**CONSIGLIO n. 16: mantieni costante il focus sul tuo cliente e continua sempre la ricerca di esigenze nascenti nel tuo settore.**

Tuttavia, premesso quanto detto sopra per la ricerca di nuovi mercati, bisogna sempre tenersi aggiornati sui clienti esistenti sul mercato attuale ed espandere la conoscenza ad altri clienti della stessa categoria o altre applicazioni e prodotti aggiuntivi. Per fare questo, tieni sotto controllo e riesamina periodicamente tutti i punti di contatto che i clienti hanno con la tua azienda.

Anche se hai avuto successo con certe azioni, ricorda che oggi ogni vantaggio competitivo viene eroso velocemente, perché i competitor più attenti sviluppano strategie che prendono come base anche i tuoi successi. Occorre quindi sviluppare nuove strategie sempre più sofisticate.

Fai, o fai svolgere, un'analisi di tutti i dati digitali che hai o che puoi avere: clienti, vendite, marketing, abitudini di consumo. L'obiettivo finale non è la raccolta stessa dei dati, ma la comprensione e l'interpretazione degli stessi, da applicare nelle nuove strategie e azioni.

**CONSIGLIO n. 17: quando i tuoi esperti e responsabili di settore presentano dei dati, positivi o negativi che siano, chiedi sempre delle proposte per eliminare o ridurre quelli negativi e**

**per utilizzare e sviluppare quelli positivi.**

Come svolgere operativamente l'analisi clienti?

1.  Analizza i dati già disponibili nel tuo sistema.

2.  Valuta, anche solo in modo generico, le possibilità di sviluppo e di sopravvivenza delle categorie individuate (ad esempio quelle che non sono fortemente esposte ai cambiamenti di abitudini d'acquisto o di mercato). Un negozio che vende ai consumatori in una località turistica potrebbe avere più possibilità di sopravvivenza di uno sito in aree periferiche delle città, e devi tenerlo presente nella tua pianificazione.

3.  Approfondisci la conoscenza delle categorie più promettenti anche consultando fonti affidabili, come gli studi di Confcommercio, Federconsumatori e ISTAT.

4.  Cerca di immedesimarti mentalmente nelle categorie individuate seguendo siti, pagine Facebook, attività di aziende fornitrici che operano in quel segmento, blog ecc.

5.  Traduci in pratica: come contattare e farti notare dalle categorie individuate, tramite blog, azioni promozionali, direct mail, pagine web, contatti diretti. Un sistema innovativo come quelli accennati nel capitolo 6 ti aiuterà a valutare e controllare il

ritorno delle strategie individuate, con gli investimenti programmati.

**CONSIGLIO n. 18: inizia l'analisi con i dati di cui già disponi e cerca di usarli nella strategia; poi, gradualmente, aggiungine altri.**

## RIEPILOGO DEL CAPITOLO 3:

- CONSIGLIO n. 13: visita i tuoi clienti, non solo per vendere, ma soprattutto per conoscere la loro situazione e farti venire idee per possibili innovazioni.

- CONSIGLIO n. 14: chiedi ai tuoi venditori qualificati quali sono le esigenze dei clienti e non accontentarti della prima risposta che verrà, ossia "vogliono prezzi più bassi"; al customer service, invece, chiedi quali problemi di servizio vengono segnalati, come viene valutata la qualità logistica ecc.

- CONSIGLIO n. 15: ai tecnici dell'assistenza e dell'installazione non limitarti a chiedere di eventuali problemi legati ai tuoi prodotti, ma anche il perché di eventuali insoddisfazioni dei clienti, i commenti ascoltati sui competitor, i nuovi strumenti e applicazioni che hanno visto ecc.

- CONSIGLIO n. 16: mantieni costante il focus sul tuo cliente e continua sempre la ricerca di esigenze nascenti nel tuo settore.

- CONSIGLIO n. 17: quando i tuoi esperti e responsabili di settore interni presentano dei dati, positivi o negativi che siano, chiedi sempre delle proposte per eliminare o ridurre quelli negativi e per utilizzare e sviluppare quelli positivi.

- CONSIGLIO n. 18: inizia l'analisi con i dati di cui già disponi

52

e cerca di usarli nella strategia; poi, gradualmente, aggiungine
altri.

# Capitolo 4:
# Come monitorare i tuoi concorrenti

*Questo capitolo è dedicato al vizio di non tenere monitorate le strategie dei competitor attuali o possibili futuri. Nel medio periodo, questo può portare a sorprese sgradevoli con pesanti conseguenze.*

Anzitutto, chi sono i tuoi competitor attuali o i potenziali competitor futuri? Non sono più soltanto quelli che fanno un lavoro simile al tuo e la cui competizione si svolge a livello di efficacia e innovazione nella produzione o, se sei nel commercio, a livello di fonti di acquisto o di canali di vendita. È chiunque soddisfa le stesse necessità che copri con i tuoi prodotti/servizi.

Lo spettro della competizione si è allargato enormemente, in linea con lo sviluppo della comunicazione e della logistica. In termini *geografici*, ad esempio, i paesi emergenti (e non solo) non sono solo possibili mercati per i tuoi prodotti, ma anche possibili competitor che possono copiare le tue migliori tecniche di produzione e magari produrre a costi notevolmente inferiori.

**CONSIGLIO n. 19: partecipa a convegni internazionali o – anche solo come visitatore attento – a fiere lontane dal tuo attuale mercato geografico per conoscere meglio i tuoi effettivi o possibili competitor e trarre spunto dalle loro offerte e strategie.**

In termini *settoriali*, devi monitorare le aziende che hanno lo stesso tuo tipo di clienti e allargano la loro offerta anche al tuo settore (come ad esempio hanno fatto le banche, che offrono anche servizi di assicurazione), le aziende commerciali che fanno produrre i prodotti con il loro nome, le aziende che organizzano i privati per fornire prodotti o servizi a costi notevolmente più bassi senza i costi di struttura e di organizzazione tipici delle grandi aziende. Ad esempio, Airbnb è diventato un temibile concorrente per le catene di alberghi, Uber per i taxi, le agenzie di viaggio per gli studi medici e odontoiatrici, in quanto organizzano vacanze-cura, ad esempio, nei paesi dell'est europeo, Amazon per quasi tutti i settori.

**CONSIGLIO n. 20: fai un "viaggio di studio" – almeno mentale – nell'ambiente del tuo cliente per scoprire per primo le alternative che gli si offrono.**

In termini *dimensionali,* concentrati sulle grandi aziende che entrano anche in quelle nicchie che prima avevano snobbato, cercando di allargarle (ad esempio acquistando aziende tue attuali competitor, oppure delle startup), o che cercano di offrire un servizio più completo ai propri clienti proponendo loro anche prodotti e servizi di settori minori che finora erano lasciati a te.

E, dall'altro lato, non perdere di vista le piccole aziende sconosciute che, grazie a internet, riescono a fornire servizi e prodotti anche nei settori che sembravano dominati da organizzazioni forti, da leader di mercato.

**CONSIGLIO n. 21: se hai una piccola impresa, cerca di individuare un settore di mercato di un'azienda leader che tu potresti coprire meglio e allargarti a quello.**

**CONSIGLIO n. 22: se hai un'offerta molto specifica, offri la tua**

**collaborazione alle aziende più forti che possano aumentare notevolmente il tuo mercato e fatturato (e che, se rientra nelle tue idee, in un secondo momento potranno acquistare la tua azienda).**

Per i tuoi competitor diretti più forti, consiglio di svolgere un'analisi SWOT proprio come per la tua azienda (v. capitolo 1). Le opportunità esterne e i rischi esterni dovrebbero rimanere quasi uguali ai tuoi, ma il ragionamento sui loro punti di forza e di debolezza può aiutarti a decidere su quali aspetti concentrarti di più per differenziarti in modo maggiore nei campi dove non ti possono facilmente seguire, oppure per capire dove fare investimenti per recuperare il distacco attuale.

Certo, le tue valutazioni sui punti di forza e sulle debolezze dei concorrenti presentano una componente di rischio in più, perché non hai tutte le informazioni sulla loro attività come le hai sulla tua. In questa analisi, sarà quindi utile coinvolgere anche i venditori, la manutenzione e il customer service. Chiedi direttamente a loro un confronto sui vostri punti di forza o di debolezza interni con quelli di singoli competitor.

**CONSIGLIO n. 23: nell'analisi SWOT dei competitor più significativi, non esitare a coinvolgere un team con le necessarie conoscenze.**

Se poi ritieni di voler approfondire ulteriormente questo importante concetto di marketing, fai svolgere una ricerca di mercato. In fondo, quello che conta di più è come ti vede la clientela, e saperlo può aprire "nuovi orizzonti" e aiutarti ad aumentare il fatturato, a focalizzare meglio i tuoi sforzi promozionali, a risparmiare risorse finanziarie e a evitare errori strategici.

RIEPILOGO DEL CAPITOLO 4:

- CONSIGLIO n. 19: partecipa a convegni internazionali o – anche solo come visitatore attento – a fiere lontane dal tuo attuale mercato geografico per conoscere meglio i tuoi effettivi o possibili competitor e trarre spunto dalle loro offerte e strategie.

- CONSIGLIO n. 20: fai un "viaggio di studio" – almeno mentale – nell'ambiente del tuo cliente per scoprire per primo le alternative che gli si offrono.

- CONSIGLIO n. 21: se hai una piccola impresa, cerca di individuare un settore di mercato di un'azienda leader che tu potresti coprire meglio e allargarti a quello.

- CONSIGLIO n. 22: se hai un'offerta molto specifica, offri la tua collaborazione alle aziende più forti che possano aumentare notevolmente il tuo mercato e fatturato (e che, se rientra nelle tue idee, in un secondo momento potranno acquistare la tua azienda).

- CONSIGLIO n. 23: nell'analisi SWOT dei competitor più significativi, non esitare a coinvolgere un team con le necessarie conoscenze.

# Capitolo 5:

# Come motivare e gestire le persone

*Questo capitolo riguarda un vizio molto diffuso: quello di non dedicare sufficiente attenzione alla motivazione e alla crescita dei collaboratori, con notevoli conseguenze su tutta la performance aziendale.*

Ogni imprenditore ha già affrontato il tema dei collaboratori e molti degli aspetti ad esso collegati: la job description e la definizione delle skill richieste, la selezione, l'inserimento, la formazione, la guida, il sistema incentivante ecc. Non voglio soffermarmi a descrivere tutte queste fasi per le quali ci sono fior di consulenti specializzati e modelli collaudati, ma solo evidenziare alcuni aspetti che spesso sono trascurati. Comincerò con questi, per poi illustrare alcuni metodi ancora poco utilizzati e, soprattutto, approfondire il tema della motivazione che, a mio avviso, resta uno dei più importanti per il successo aziendale.

## Cominciamo con la selezione

Sicuramente hai già chiaro che tipo di collaboratore stai cercando (job description: nome della posizione, cosa deve fare, a quale profilo corrisponde, le caratteristiche che deve avere). Applica anche qui la regola di Pareto: concentrati su quel 20% delle caratteristiche che portano l'80% dei risultati.

Nella selezione, poi, cerca di non dare troppo peso al curriculum ma molto di più alla valutazione delle competenze e delle attitudini. Il curriculum dovrebbe costituire sì l'elemento base, ma non è sufficiente e nemmeno il più importante.

Le esperienze lavorative, pur essendo importanti, hanno un ruolo relativo. Che uno abbia fatto un buon lavoro negli ultimi 5-10 anni non è più garanzia che sappia fare un buon lavoro da qui ai prossimi anni in un ambiente diverso. Nel business il cambiamento è così rapido che il candidato deve essere soprattutto adattabile e curioso. Sono poi importanti gli atteggiamenti di base, la filosofia di vita, il sistema di valori, le attitudini.

Per fare un esempio, se stai cercando un venditore per un settore o un territorio o un'applicazione nuovi, tra due candidati con la stessa formazione scolastica ed esperienza, preferirai probabilmente quello che ha più caratteristiche da "cacciatore" (ad esempio che dimostra iniziativa per la scoperta di nuove opportunità di vendita, o che attira attivamente l'interesse di potenziali clienti) che non quello che ha più caratteristiche da "gestore" (ad esempio sviluppo dei contatti esistenti secondo criteri di priorità, valutazione delle potenzialità nel tempo ecc.). O no?

**CONSIGLIO n. 24: nella selezione del personale, dai più peso alle caratteristiche personali che non alle esperienze passate.**

## Inserimento e sviluppo

Prepara anche i suoi futuri colleghi ad accogliere il nuovo arrivato in modo che venga vissuto come risorsa, non come concorrente, e neanche come colui sul quale scaricare tutte le incombenze faticose e noiose. Affiancagli una persona che si prenda cura del suo sviluppo professionale, chiamato mentore, o tutor.

## Mentoring e Reverse Mentoring

Il Mentoring è una pratica spesso usata sistematicamente nelle grandi aziende, ma molto meno nelle PMI, almeno non in modo sistematico e consapevole. Consiste nella scelta basata sull'osservazione di giovani ad alto potenziale che vengono poi seguiti e fatti crescere da un "mentore", ossia da un consigliere fidato, una guida saggia, un maestro di vita e con competenze professionali. Molti personaggi di successo, quando parlano dei loro primi anni di forte sviluppo professionale, nominano un altro personaggio che ha fatto loro da mentore.

In azienda, ovviamente, anche il mentore deve avere interesse a far crescere gli altri: se il giovane poi avrà successo, questo deve essere accreditato anche a lui. Non deve aver paura di essere scalzato dal suo assistito.

**CONSIGLIO n. 25: osserva le tue nuove leve, soprattutto sotto l'aspetto del potenziale di crescita, dell'iniziativa e dell'affidabilità, e dedica loro un piano di sviluppo che seguirai con la dovuta costanza, valutando di volta in volta i risultati raggiunti e fornendo suggerimenti.**

Ora, ancora più raramente, troviamo anche il Reverse Mentoring: un giovane che insegna a un suo capo, o a persone più in alto nella scala gerarchica, alcune cose che i giovani normalmente conoscono meglio: utilizzo dei digital media, utilizzo delle nuove applicazioni, valutazione di nuovi trend emergenti, orientamento delle nuove fasce di consumatori.

Non illudiamoci: noi che siamo presi da mille impegni importanti, spesso non troviamo il tempo per seguire e imparare le nuove applicazioni digitali, per approfondire nuovi trend, per osservare l'evoluzione dei costumi ecc. Le nuove generazioni vi crescono dentro e assimilano direttamente, non hanno i nostri problemi. Facciamoci aiutare e istruire da loro.

**CONSIGLIO n. 26: se qualche volta fai fatica a capire l'utilità delle nuove applicazioni digitali e il loro utilizzo pratico, fatti aiutare da qualche nuova leva: è un ottimo modo per poter conoscere meglio sia il collaboratore, sia l'applicazione digitale.**

## Meritocrazia

Ci lamentiamo spesso del fatto che ci sia poca meritocrazia, nelle scuole e nelle università, nelle istituzioni, nella pubblica amministrazione. E nelle nostre aziende? Pure. Nelle PMI, che costituiscono la grande maggioranza della nostra economia, prevale la logica familiare. E nelle grandi aziende? Chi ne ha girate un po', da manager esperto, dice che anche nelle grandi aziende di meritocrazia ne esiste poca, si va molto per conoscenze dirette e indirette.

Riconoscere, premiare e far avanzare nelle responsabilità le persone che contribuiscono maggiormente alla crescita dell'azienda è fondamentale. Per farlo in modo realistico, bisogna aver definito degli obiettivi realistici ma ambiziosi.

Forse la difficoltà sta proprio nel fissare obiettivi ambiziosi, ma realistici e misurabili. Valutare e affrontare le incognite esterne ed interne richiede molte abilità e comporta dei rischi. Ma anche qui bisogna sviluppare e affinare le proprie capacità.

**CONSIGLIO n. 27: oltre agli obiettivi aziendali e dei singoli settori, fissa anche gli obiettivi per ciascuna qualifica importante nella tua azienda.**

## Performance Appraisal

Una volta di più, anche il Performance Appraisal è una tecnica usata prevalentemente dalle aziende multinazionali, o comunque di una certa dimensione, e poco dalle PMI, in particolare dalle aziende familiari. Vediamo dunque cosa significa, come può essere applicata, quali vantaggi può portare e come fare i primi passi nella sua applicazione.

Il Performance Appraisal è la valutazione dei risultati del lavoro di una persona e anche degli aspetti qualitativi, cioè come ha operato in relazione alla filosofia e ai valori aziendali. È uno strumento importante che di solito influisce non solo sul premio annuale riconosciuto alla persona, ma anche sulle sue possibilità di avanzamento in carriera e di affidamento di compiti speciali.

È quindi lo strumento per premiare le buone prestazioni, la base su cui far crescere le persone veramente meritevoli e garantire la crescita delle performance aziendali. In poche parole: aiuta a realizzare la meritocrazia.

Si parte dai risultati raggiunti in relazione agli obiettivi fissati. Questo ovviamente è facile nell'area vendite e più difficile nelle altre aree, dove spesso non c'è una relazione causa-effetto diretta ma il risultato è sistemico, nel senso che è prodotto da moltissimi fattori collegati o da un team dove la prestazione di ognuno influisce sui risultati dell'altro.

Ma anche nell'ipotesi più semplice delle vendite, il risultato va valutato pure in relazione ad altri fattori, come ad esempio lo sviluppo del fatturato medio di tutti i venditori. L'obiettivo concordato con il singolo venditore può essere stato raggiunto anche senza particolari meriti personali, se per esempio una nuova linea di prodotti lanciata nell'anno ha trovato un'accoglienza molto superiore alle aspettative. Oppure l'obiettivo può essere stato non raggiunto a causa di una crisi generale di settore e di altri fattori esterni.

Se passiamo ad altri settori aziendali, i fattori da considerare diventano sempre più di tipo qualitativo. Come svolgere il Performance Appraisal, ad esempio, dei manager di settori non direttamente produttivi? Si fanno valutare alcuni elementi della leadership di importanza generale ed eventualmente altri che sono particolarmente importanti in quel periodo o nella particolare situazione aziendale.

A titolo esemplificativo (ma non esaustivo):

- I suoi valori sono allineati alla filosofia aziendale?
- Il suo team dimostra senso di appartenenza verso l'azienda?
- Si assume le proprie responsabilità oppure cerca di trovare scusanti in fattori esterni o altrui?
- Si concentra prioritariamente su quel 20% di attività che producono l'80% dei risultati?
- Comunica ai suoi collaboratori chiaramente obiettivi, scadenze e motivi?
- Cerca di ridurre le complessità e i costi nel reparto?
- Riesce a creare spirito di gruppo nel suo team?
- A sua volta, sa collaborare con gli altri reparti dell'azienda?
- Pone alti standard di produttività a se stesso e al suo team?
- Riesce a prendere decisioni anche rapide quando necessario?

- Riesce a prendere decisioni anche su questioni difficili come, ad esempio, quelle sulle persone?
- Sa dare feedback e svolgere critica in modo costruttivo?
- Sa delegare?
- Si impegna a fare crescere i propri collaboratori, soprattutto gli "alti potenziali"?
- Riesce a equilibrare le priorità del breve e del lungo periodo?

A chi si fanno valutare questi fattori? Generalmente ai suoi superiori e a se stesso, ma possono essere coinvolti anche i suoi collaboratori, un gruppo di colleghi o altre persone con le quali interagisce spesso. Deve essere garantito che non si riesca a risalire alle persone che hanno contribuito alla valutazione, tranne quella dei suoi superiori.

Come si vede, il lavoro del Performance Appraisal è complesso e richiede impegno soprattutto nella parte preliminare, di messa a punto. Vale quindi la pena pensare di inserirlo nelle pratiche aziendali?

I possibili vantaggi sono:

- Fornisce una base per far crescere le persone ad alto potenziale che altrimenti si rischiano di perdere in favore di altre aziende o di far afflosciare su un impegno sempre meno produttivo (del tipo "faccio quello che mi chiedono").

- Consente di mantenere alto l'orientamento e l'impegno a raggiungere i risultati concordati.

- L'impostazione iniziale del sistema ci spinge a riflettere e creare chiarezza sugli obiettivi aziendali sia quantitativi sia qualitativi, sulla Vision e Mission (v. capitolo 1).

- Aiuta a mantenere una cultura aziendale allineata alla Vision.

- Fornisce le basi per poter attribuire dei premi differenziati secondo il contributo fornito, anziché "a pioggia".

Ci sono molti modelli, in genere assai complessi, che come sempre vanno adattati alla situazione dell'azienda. Secondo la filosofia di questo libro, qui non proponiamo un modello specifico ma vogliamo:

- Fornire dei criteri per valutare se è il momento di introdurre il Performance Appraisal:

    a. Sono definiti o si ritiene importante definire gli obiettivi e la Vision aziendale, i valori, gli obiettivi per ogni reparto aziendale?

b. Dimensione dell'azienda: c'è una struttura manageriale? Ci sono degli specialisti da valutare?

- Fornire indicazioni che permettano di partire il più semplicemente possibile, con la possibilità di migliorare successivamente.

a. Chi valutare? Figure che hanno la responsabilità e un certo numero di collaboratori (tale da non rendere possibile risalire a chi ha dato il feedback), oppure specialisti che devono interagire con molti settori.

b. Quante volte svolgere il processo? Per iniziare, una volta all'anno, per arrivare poi eventualmente a una periodicità semestrale.

c. Errori da evitare: rendere troppo complesse le domande, o formularle in modo da rendere riconoscibile chi ha dato il feedback.

d. Chi svolge l'indagine? Il responsabile del personale, il diretto superiore o un consulente esterno.

e. Chi consegna i risultati? Il responsabile R.U., il diretto superiore o il mentore.

**CONSIGLIO n. 28: se hai una struttura in crescita, con diversi responsabili di reparto, inserisci il Performance Appraisal nella prassi aziendale.**

## Collaboratori non più adeguati al ruolo

Molti imprenditori che hanno fatto crescere la propria azienda si portano dietro alcuni personaggi dei primi tempi, cresciuti nelle mansioni a causa della loro affidabilità e fedeltà, o di singole competenze specifiche, ma non più adeguati al loro ruolo attuale, dove magari ci sono stati forti cambiamenti.

Cosa fare dei collaboratori storici non più adeguati? Bisogna distinguere tra i "fedeli", quelli allineati alla filosofia aziendale pur senza le ormai necessarie competenze specifiche, e quelli che approfittano della loro posizione storica cercando di ricavarne vantaggi ingiustificati e ostacolando altri.

In alcune aziende, facendo le analisi per impostare un programma di sviluppo, abbiamo constatato che c'erano sia gli uni che gli altri, ed entrambi costituivano un freno per gli sviluppi futuri.

Se possibile, agli ex compagni di strada si cerca di assegnare un compito o un'attività adeguata alle loro capacità. Con gli altri, invece, bisogna, per quanto sia difficile, usare le maniere più dure. Perché i loro collaboratori e colleghi notano i loro difetti ancora più di noi e si crea un clima tutt'altro che motivante, con forti ricadute negative su tutta la filiera di collaboratori.

**La motivazione delle persone**

È un argomento importantissimo, spesso troppo trascurato. Ne abbiamo parlato un po' nel capitolo 2, in merito alla condivisione della Vision a alla creazione del senso di appartenenza. Qui andiamo ad approfondire ulteriori principi e tecniche. Un osservatore superficiale probabilmente direbbe che le persone sono più motivate quando guadagnano di più e quando hanno un posto di lavoro più sicuro. Ma non è così.

Il livello della retribuzione è sì un elemento importante, soprattutto per trovare nuovi collaboratori validi, ma perde velocemente la sua efficacia, così come la perdono la sicurezza del posto di lavoro (e poi non credo che cerchiamo collaboratori per i quali questo sia uno dei fattori più importanti, vista la scarsa efficienza dell'amministrazione pubblica) e le condizioni stesse del lavoro. Si tratta di "fattori igienici" come li ha definiti lo studioso Frederick Herzberg: la loro mancanza produce sì insoddisfazione sul lavoro, ma la loro presenza non aumenta la motivazione e la voglia di impegnarsi per il bene dell'azienda. Altri "fattori igienici" sono le politiche amministrative dell'azienda, i rapporti con il proprio responsabile e, in genere, con colleghi e sottoposti, lo spazio per la vita privata, lo status sociale.

Quali sono invece i "fattori motivanti"? Sono il senso di potersi realizzare in un lavoro che corrisponde alle proprie aspirazioni, di poter contribuire al raggiungimento di un obiettivo di gruppo stimolante, di cogliere il senso della propria attività, di vedere riconosciuto il proprio operato, di lavorare in un ambiente stimolante, e – sempre di più – di poter lavorare in un'azienda con valori etici che apporta valore alla comunità.

**CONSIGLIO n. 29: verifica se nella tua azienda si dà sufficiente importanza ai "fattori motivanti".**

**Creare il piacere di essere produttivi**

L'evoluzione della vita sulla Terra ha seguito un semplice principio: quello di essere "più bravi" nella sopravvivenza della specie. Migliorare le proprie prestazioni, scoprire nuovi territori, nuovi metodi e nuove "tecniche". Anche noi umani siamo "programmati" per fare degli sforzi, non per vivere nel dolce far niente.

Certo, gli sforzi devono produrre soddisfazione e piacere. Tutte le grandi prestazioni e le grandi soddisfazioni costano anche un grande impegno: nuotatori, scalatori, ricercatori, medici, manager, artisti, artigiani, tutti coloro che eccellono si sono impegnati e ne ricavano soddisfazioni. Basta semplicemente osservare quello che succede intorno a noi. A titolo di esempio, riporto qui di seguito alcuni episodi e le relative riflessioni.

**Possiamo imparare molto dai bambini**

Chi ha la gioia di avere figli o nipoti piccoli, può imparare molto osservandoli e creando dei paralleli con la vita aziendale o quella propria da adulti. Riporto qui alcuni momenti delle relazioni con la mia nipotina, Lea, che mi hanno sempre coinvolto gioiosamente e fatto riflettere, essendo delle vere e proprie *metafore per la vita aziendale*.

*Episodio "Scale"*

Era il periodo in cui si muoveva a carponi. Quando veniva a trovarci, la sua attenzione andava immediatamente alle scale (a casa sua non ce n'erano). Saliva le due rampe di scala – e io dietro, per proteggerla in caso di bisogno – e poi gli ulteriori gradini che separavano le due parti del piano alto. Raggiunto il livello più alto, si sedeva e guardava giù, visibilmente soddisfatta della sua opera da scalatrice. Poi scendeva i due gradini, e ancora su e giù per tantissime volte. Invece, per scendere la rampa di scale chiedeva aiuto: evidentemente non se la sentiva. Alla visita successiva, invece, la sua attenzione era rivolta alla rampa più lunga, ed era su quella che si esercitava salendo e scendendo più volte.

Mi colpirono parecchie cose:

- la motivazione intrinseca e la concentrazione con la quale si dedicava a quest'attività di "autoformazione";
- l'autovalutazione spontanea del rischio e delle proprie

capacità;

- l'impegno che metteva nel "lavoro svolto" e la gratificazione che ne ricavava (io non dissi niente per tutto il tempo, stavo solo a osservarla, pronto a intervenire in caso di necessità). La gratificazione nasceva proprio dalla soddisfazione intrinseca.

Sono caratteristiche riservate solo ai bambini? Sicuramente sono comuni a tutti i bambini (e, credo, non solo a loro). La voglia di imparare, di fare meglio, di andare avanti, di esplorare nuove aree fa parte del patrimonio genetico comune a tutti gli esseri viventi. Se così non fosse, non ci sarebbe stata l'evoluzione.

Ritengo che sia lo stato normale delle persone e che la mancanza di spinta interiore sia l'eccezione, la "deviazione". Quindi? Quindi sta a noi aiutare i nostri collaboratori a crearsi una visione delle cose da raggiungere e degli obiettivi: creare la visione delle "scale", le sfide commisurate alle capacità, la possibilità di essere gratificati intrinsecamente per aver fatto bene qualcosa.

**CONSIGLIO n. 30: cogli ogni occasione per aiutare i tuoi collaboratori a crearsi una visione personale degli obiettivi da**

**raggiungere.**

*Episodio "Oggi Lea non vuole"*

Era il periodo in cui Lea era particolarmente attratta dal piccolo parco giochi che c'è nel nostro quartiere. Quando sua mamma ce la portò, quel sabato, si era appena svegliata e rimase fortemente abbracciata a lei, non volle andare in braccio a nessun altro, né alla nonna, né a me, né alla zia. Allora dissi, apparentemente rivolto a mia moglie: «Oggi Lea non vuole andare allo scivolo col nonno». Immediatamente si staccò dalla mamma e venne da me, sorridendo e dicendo: «Scivolo, sì!»

Ovviamente, mi ero incastrato: a questo punto non potevo non portarla al parco. E mentre saliva e scendeva lo scivolo, riflettevo sul potere miracoloso di una singola parola che riesce a colpire un interesse personale. Se non fosse stato per questa parola, avremmo dovuto prenderla "con la forza" – sua mamma aveva un impegno e doveva ripartire velocemente – con conseguenti pianti, umiliazione della sua volontà e un po' di tristezza per tutti.

Nella vita aziendale, quante volte parliamo di cose che

interessano i collaboratori? Quante volte li "spingiamo" (chiediamo) o li obblighiamo a fare qualcosa anziché farli muovere di loro volontà verso una meta che abbia significato (anche) per loro?

**CONSIGLIO n. 31: sforzati di esprimere "gli ordini" ai collaboratori in un modo motivante, che tocchi anche un loro interesse personale.**

*Episodio "La sorellina"*

Lea aveva appena 21 mesi quando nacque la sorellina. Benché fosse stata coinvolta, e la mamma le avesse parlato prima, non credo si sia resa conto di cosa significasse una sorellina più piccola. Rimase un po' turbata da quella stanza bianca di ospedale e dal fatto che la mamma non si alzasse per andarle incontro, perciò si sentì un po' offesa. Si attivò un pò più del solito per attirare l'attenzione di noi nonni e degli zii.

Nei rapporti con la sorellina, una volta a casa, i primi tempi si poteva intuire un atteggiamento ambivalente, fatto di carezze da un lato ma anche di celata aggressione contro la "concorrenza" che era riuscita ad attirare su di sé una parte delle attenzioni degli adulti. Ricordo che anche sua mamma, quando aveva quattro anni ed era appena nato il fratellino, aveva dato voce alle proprie esigenze: «Ci sono anch'io», aveva detto quando tutti gli adulti stavano dando il benvenuto al nuovo arrivato.

Noi tutti abbiamo bisogno di attenzione, di "essere visti". Anche i più bravi e quelli che sembrano completamente autonomi. Perciò, sul lavoro, cerchiamo di "vedere" le persone non solo quando fanno qualcosa di sbagliato, ma soprattutto quando fanno qualcosa bene, quando fila tutto liscio.

**CONSIGLIO n. 32: cerca di vedere anche le piccole cose fatte bene e di dare un cenno di riconoscimento (un sorriso, un saluto, un cenno con la mano, una parola di incoraggiamento...).**

*La personalità diversa*

Dalia, la nuova arrivata, era ancora molto piccola e non potevamo certo fare ipotesi sul suo sviluppo, ma avevamo l'impressione che dimostrasse già una sua personalità diversa rispetto a quella di

Lea, la sorella più grande (si fa per dire, non aveva neanche due anni!).

Non è questa la sede per discutere se le diversità dipendano più da fattori ereditari, dall'ambiente o dal fatto di trovare già "occupata" una certa posizione, e quindi dalla necessità di trovare un "posizionamento" diverso, ma penso che possiamo condividere che la diversità di carattere e di potenziali sia un dato di fatto.

Sul lavoro, il nostro impegno sarà quindi quello di comprendere queste diversità e utilizzare il potenziale specifico che esse offrono, sia per i ruoli da assegnare (per favorire l'auto motivazione) sia per meglio comunicare l'uno con l'altro.

**CONSIGLIO n. 33: chi si occupa di gestione del personale deve cercare di scoprire il potenziale ancora nascosto in ogni singola persona.**

**La forza del team**
Un altro esempio che ci viene dato dall'osservazione della vita è

"l'intelligenza delle oche". Forse ti è capitato di vedere come le oche, nelle loro migrazioni stagionali, volino in una formazione a V. Sai perché? Ogni colpo d'ala di un uccello facilita il volo di quello che sta direttamente dietro di lui. Con la formazione a V, lo stormo, nell'insieme, raggiunge almeno il 71% di autonomia in più di un uccello che vola da solo.

*Persone che sono parte di un team e che aspirano allo stesso obiettivo lo raggiungono più velocemente e facilmente se si incoraggiano e si aiutano a vicenda.*

Ogni volta che un'oca lascia la formazione, improvvisamente sente la resistenza dell'aria e la difficoltà di proseguire da sola. Ritorna velocemente nella formazione per ricevere i vantaggi dello stormo.

*Se siamo intelligenti come le oche, allora condivideremo il nostro sapere con coloro che percorrono il nostro stesso cammino.*

Quando l'oca guida è esausta, si mette in coda e un'altra oca prende la guida.

*Vale la pena di suddividere la guida, di dividere i compiti della guida e sbrigare a turno lavori che portano allo sfinimento.*

Le oche della formazione gridano per incoraggiare l'oca guida a mantenere la velocità.

*Parole d'incoraggiamento e d'ispirazione aiutano le persone del front line a proseguire con lo stesso ritmo nonostante le pressioni quotidiane e la fatica.*

Se un'oca si ammala o viene ferita da uno sparo e cade, due oche lasciano la formazione con lei e la seguono fino a terra per aiutarla e proteggerla. Rimangono con lei finché può tornare a volare o finché muore. Poi riprendono il volo con un'altra formazione per raggiungere il proprio stormo.

*Se abbiamo tanto discernimento come le oche, allora saremo a disposizione degli altri nei tempi duri. È un privilegio e una sfida, come membro di un team, poter dare il proprio contributo al successo di tutti.*

Fai crescere i tuoi team, fornendo loro una visione chiara degli obiettivi da raggiungere e ponendo loro anche dei compiti molto difficili. Cerca di creare una mentalità di crescita, concentrandoti sul miglioramento del gruppo nel tempo anziché stigmatizzare gli errori.

Anche per quanto riguarda i compiti difficili, abbiamo una conferma da parte di uno studio pluridecennale della psicologa Carol Dweck, della Stanford University, che ha cercato di capire che cosa permette ai bambini e ai giovani di affermarsi a scuola e, successivamente, nel lavoro. Ha scoperto che facevano meglio quelli che amavano gli indovinelli e i problemi difficili e che affrontavano le difficoltà con la volontà di imparare.

**CONSIGLIO n. 34: fai crescere il tuo team fornendogli una visione chiara degli obiettivi da raggiungere e ponendogli anche dei compiti molto difficili.**

### Incoraggiare la critica costruttiva

Nel lungo periodo, spesso nelle organizzazioni si instaura un clima che fa dire di sì anche quando la si pensa diversamente. È uno dei più grossi rischi di un imprenditore e manager e spesso nasce anche senza la consapevolezza e la volontà del superiore, ma semplicemente perché, di solito, l'imprenditore ha una visione più vasta di quella dei collaboratori che si occupano di un ambito specifico. Così, per risparmiare tempo nelle decisioni, interviene in modo direttivo su ogni questione, spesso anche troncando i contributi degli altri.

I collaboratori finiscono per dire sempre di sì per varie ragioni:

- Il capo ha (o si presume che abbia) più spesso ragione, quindi non si vuole fare brutta figura sostenendo opinioni contrarie.

- Non si vuole correre il rischio di alienarsi la benevolenza del capo sollevando critiche, riportando brutte notizie o evidenziando dei problemi.

- Si ha paura di essere recriminati e di perdere la possibilità di fare carriera.

Tutto questo porta a un clima di accondiscendenza che, a sua volta, rischia di far prendere delle decisioni errate perché non sono conosciute, e quindi non vengono considerate, eventuali criticità o argomenti contrari. Invece, conoscere anche le criticità aiuta a prendere decisioni migliori. Non per niente, Robert Blake e Jane Mouton, nel loro "Grid della leadership" – un programma di formazione che è stato adottato da molte delle più grandi aziende internazionali e da noi introdotto e applicato per vent'anni in Italia – pone l'accento soprattutto sull'esercitazione della critica costruttiva come strumento per raggiungere il massimo orientamento ai risultati, coinvolgendo i collaboratori.

Nelle molte esercitazioni misurabili nei sottogruppi, le decisioni raggiunte dal gruppo sono quasi sempre migliori delle migliori decisioni individuali.

**CONSIGLIO n. 35: incoraggia i tuoi collaboratori a intervenire anche criticamente nella presa delle decisioni, cercando di trattenerti dal dire subito la tua.**

Una cultura da yes-man alla lunga ti farà perdere delle opportunità. Prima si conoscono gli eventuali problemi, più facile è intervenire per risolverli e per creare nuove opportunità.

RIEPILOGO DEL CAPITOLO 5:

- CONSIGLIO n. 24: nella selezione del personale, dai più peso alle caratteristiche personali che non alle esperienze passate.

- CONSIGLIO n. 25: osserva le tue nuove leve, soprattutto sotto l'aspetto del potenziale di crescita, dell'iniziativa e dell'affidabilità, e dedica loro un piano di sviluppo che seguirai con la dovuta costanza, valutando di volta in volta i risultati raggiunti e fornendo suggerimenti.

- CONSIGLIO n. 26: se qualche volta fai fatica a capire l'utilità delle nuove applicazioni digitali e il loro utilizzo pratico, fatti aiutare da qualche nuova leva: è un ottimo modo per poter conoscere meglio sia il collaboratore, sia l'applicazione digitale.

- CONSIGLIO n. 27: oltre agli obiettivi aziendali e dei singoli settori, fissa anche gli obiettivi per ciascuna qualifica importante nella tua azienda.

- CONSIGLIO n. 28: se hai una struttura in crescita, con diversi responsabili di reparto, inserisci il Performance Appraisal nella prassi aziendale.

- CONSIGLIO n. 29: verifica se nella tua azienda si dà sufficiente importanza ai "fattori motivanti".

- CONSIGLIO n. 30: cogli ogni occasione per aiutare i tuoi collaboratori a crearsi una visione personale degli obiettivi da raggiungere.

- CONSIGLIO n. 31: sforzati di esprimere "gli ordini" ai collaboratori in un modo motivante, che tocchi anche un loro interesse personale.

- CONSIGLIO n. 32: cerca di vedere anche le piccole cose fatte bene e di dare un cenno di riconoscimento (un sorriso, un saluto, un cenno con la mano, una parola di incoraggiamento...).

- CONSIGLIO n. 33: chi si occupa di gestione del personale deve anche cercare di scoprire il potenziale ancora nascosto in ogni singola persona.

- CONSIGLIO n. 34: fai crescere il tuo team fornendogli una visione chiara degli obiettivi da raggiungere e ponendogli anche dei compiti molto difficili.

- CONSIGLIO n. 35: incoraggia i tuoi collaboratori a intervenire anche criticamente nella presa delle decisioni, cercando di trattenerti dal dire subito la tua.

# Capitolo 6:
# Come salire sul treno dell'innovazione

*Il vizio sul quale si concentra questo capitolo è quello di non affrontare in tempo utile le innovazioni importanti per il proprio settore, soprattutto nel campo del marketing e delle vendite. Vizio che rischia di far naufragare i sogni di grande sviluppo.*

L'innovazione è diventata un must in ogni azienda. Di solito se ne parla prima di tutto nella produzione: le moltissime iniziative dedicate a Industria 4.0 ne sono la dimostrazione. Per quanto riguarda gli investimenti in Ricerca e Sviluppo, con l'1,4% del PIL, a livello europeo siamo all'undicesimo posto, con in testa la Svezia con il 3,3%. In Italia, solo il 3,2% della forza lavoro è composta da scienziati e ingegneri, contro il 5,1% a livello europeo e il 6% in Germania.

Questo probabilmente è dovuto in buona parte anche ai livelli di reddito riservati a queste categorie, che in Italia sono molto più bassi rispetto agli altri paesi sviluppati. I nostri scienziati e ricercatori sono molto stimati all'estero e, infatti, spesso si trasferiscono lì.

La quantità degli investimenti in innovazione, tuttavia, non è il solo metro di valutazione, perché nel mondo delle imprese si nota che i centri di ricerca delle grandi aziende spesso non riescono a tenere il passo con alcune startup che partono, con pochi capitali, da esperienze personali e dalla vicinanza ai clienti. E qui le PMI possono essere addirittura in vantaggio rispetto alle grandi multinazionali che, in effetti, spesso acquistano proprio le aziende più innovative nel loro settore.

Di possibili innovazioni ce ne sono tante e ogni anno si aggiungono nuove possibilità. In questa sede parleremo di quelle più accessibili e immediate per le PMI, quelle che sicuramente ne aumentano la competitività e le possibilità di crescita. Ne presenteremo in sintesi le caratteristiche e i possibili vantaggi che si possono ottenere.

**CONSIGLIO n. 36: non mollare mai nella ricerca e**

**nell'innovazione, sia nella tecnologia, sia nella vendita e negli aspetti soft della cultura aziendale e della gestione del personale.**

Per innovare ci sono sistemi e percorsi collaudati, ma ci vuole anche creatività e inventiva. E qui, di nuovo, siamo nel campo dei principi dell'evoluzione: i bambini sviluppano spontaneamente una creatività enorme, una curiosità insaziabile, una voglia di provare approcci nuovi e di innovare. Lo fanno non in vista di un premio, ma proprio per la soddisfazione di scoprire cose nuove. Poi, nelle scuole e negli studi universitari impariamo l'approccio razionale e logico, e spesso un po' soffochiamo la creatività, o ci abituiamo a spostarla ad altri settori della vita.

Le aziende che riescono a creare una cultura aziendale dove la creatività è vista in modo positivo di solito non solo hanno collaboratori più soddisfatti e più impegnati, ma anche una produttività e una redditività più elevate. La creatività indirizzata alla semplificazione dei processi, alla crescita di nuovi mercati, all'invenzione di nuovi prodotti/servizi e alla riduzione dei costi può portare all'azienda enormi vantaggi. Ovviamente ci vuole anche il controllo economico delle nuove iniziative, tutto va sempre fatto *cum grano salis*, cioè senza esagerazioni.

**CONSIGLIO n. 37: nella selezione dei tuoi collaboratori, cerca di capire anche il "potenziale creativo".**

**CONSIGLIO n. 38: per le soluzioni creative trovate dai tuoi collaboratori, crea riconoscimenti simbolici e anche economici, se è il caso.**

### Industria 4.0 e Vendite 4.0

Da diversi anni ormai si parla molto di Industria 4.0: convegni di organizzazioni imprenditoriali, associazioni di imprese di consulenza del settore digitale, pagine economiche di giornali, riviste e siti specializzati. Invece, sono ancora in pochi a parlare e a scrivere di Vendite 4.0, e su questo aspetto ci soffermeremo, perché la riorganizzazione tecnologica, e soprattutto digitale, dell'industria necessariamente ha e avrà forti ripercussioni anche sui percorsi di vendita.

Un inquadramento temporale solo per capire la velocità del

cambiamento: il termine Industria 4.0 è stato coniato solo pochi anni fa, nel 2011, in Germania, per una proposta di ammodernamento dei sistemi di produzione, con investimenti su infrastrutture, scuole, sistemi energetici, enti di ricerca e aziende.

Successivamente è stato adottato come programma di sviluppo a livello europeo e, dal 2013, anche in Italia, dove da allora se ne parla moltissimo, e sono tantissime le iniziative di divulgazione dei concetti 4.0 e tantissime le società di servizi che se ne occupano, per rendere l'industria e le imprese più competitive.

Anche nell'organizzazione commerciale ci sono e ci saranno cambiamenti enormi e molto veloci che le aziende dovranno attuare o studiare bene per poi applicare. Le grandi aziende già lo stanno facendo e le PMI rischiano grosso se non si adeguano. Non è più sufficiente avere dei "venditori competenti e motivati" (cosa che rimarrà comunque un elemento importante) ma bisogna rivedere tutto il processo di vendita, con soluzioni digitali di supporto e integrazione di tutto il processo. L'obiettivo è migliorare e velocizzare il rapporto con il cliente, ridurre i costi dei rapporti con la clientela (anche nell'amministrazione vendite) e offrire soluzioni e prodotti sempre più personalizzati.

Ovviamente, tra vendita e vendita c'è molta diversità in funzione del settore, della dimensione, del tipo di cliente consumer o business, della stessa azienda venditrice, della gamma offerta, del fatto che il prodotto sia personalizzato o standard, dell'intensità della competizione su quel mercato ecc.

Tuttavia alcuni fatti sono simili in quasi tutte le situazioni:

- Rispetto al passato, i clienti sono molto più informati sulle caratteristiche dei prodotti e sulle offerte della concorrenza.
- I venditori spesso impiegano molto tempo per aggiornarsi sulla situazione pregressa del cliente e nell'adempimento delle formalità amministrative.
- Idem l'ufficio vendite per quanto riguarda il controllo degli ordini e dei preventivi e per valutare l'affidabilità creditizia del cliente.
- I cambiamenti dei prodotti/servizi offerti sono sempre più veloci e richiedono più impegno e più tempo nell'aggiornamento dei cataloghi, delle condizioni e dei listini.
- La gestione dei dati del cliente richiede anch'essa molto tempo

e spesso i dati disponibili non sono di facile reperimento per il venditore e non sono utilizzati in modo sistematico per offerte personalizzate.

- I responsabili commerciali investono molto tempo per avere il controllo della rete e per analizzare e interpretare gli sviluppi dei clienti.

- Il turnover dei venditori e degli agenti è sempre più marcato e bisogna fornire in tempi brevi le informazioni e la formazione per lavorare con le specificità dalla propria azienda.

Per non parlare dell'utilizzo dei big data per azioni mirate di vendita e prevendita.

**CONSIGLIO n. 39: riesamina il tuo ciclo vendite e l'organizzazione commerciale in ottica 4.0 eliminando le criticità di cui sopra.**

**Customer Relationship Management**

Il CRM è ormai un concetto molto diffuso, molte aziende sono convinte di starlo mettendo in pratica, ma la maggior parte di esse non lo utilizza in modo sistematico e per tutte le potenzialità che può fornire. Il CRM serve per gestire in modo più produttivo e completo i contatti con clienti e potenziali clienti, monitorarne gli sviluppi e le potenzialità, gestire i processi collegati in maniera più economica, più automatica, più flessibile e più personalizzata.

Ci vuole un software efficace e di solito personalizzato e una rete vendita dotata di infrastrutture informatiche e, a monte di questo, un'analisi della situazione, dei dati disponibili e mancanti, delle attività di marketing e degli obiettivi da raggiungere. In poche parole, di un'analisi strategica.

Ovviamente, tutte le aziende hanno uno schedario dei clienti e tutte fanno delle promozioni per i loro clienti, mentre moltissime hanno ormai un sistema digitalizzato per l'inserimento degli ordini e così via. Tutto questo però è solo l'aspetto minimale del CRM.

Proviamo invece a immaginare i vantaggi delle seguenti possibilità che offre un CRM aggiornato:

- Il venditore dispone immediatamente di tutti i dati del cliente:

storia degli ordini, abitudini di pagamento, preferenze di prodotti, servizi e modalità, listino prezzi (ev. anche personalizzato), offerte speciali personalizzate, suggerimenti di prodotti collegati, possibilità di firma elettronica, evidenziazione immediata di eventuali incongruità o dati mancanti e altre informazioni più specifiche a seconda del settore.

- L'ordine viene trasmesso e registrato in modo automatico in azienda, senza bisogno di ulteriori trascrizioni e controlli manuali, e la consegna ne risulta velocizzata.

- Il reparto marketing può inviare delle promozioni personalizzate e differenziate secondo i criteri più vari, per esempio un'offerta speciale per un certo articolo ai clienti che hanno ordinato un articolo collegato, oppure che non lo hanno più ordinato da un certo periodo di tempo.

- Il reparto marketing può analizzare in dettaglio la tipologia dei clienti ed estendere l'attività promozionale ad altri database della stessa tipologia, aumentandone il ritorno economico.

- L'inserimento in catalogo di nuovi prodotti e servizi è molto velocizzato, non bisogna attendere la stampa di nuovi cataloghi, il venditore può far vedere al cliente da subito le caratteristiche e le possibili applicazioni.

- Se l'inserimento di nuovi prodotti richiede cambiamenti organizzativi di una certa portata, possono essere fatti dei test in modo semplice e veloce per avere dati su cui basare le decisioni.

Certo, tutto questo è collegato a investimenti in hardware, software e "brainware", come chiamerei le risorse mentali e creative.

**CONSIGLIO n. 40: prima di decidere come sviluppare il CRM, organizza un brainstorming/lavoro di gruppo con persone dal commerciale, dal marketing, dal servizio clienti e dall'amministrazione, per discutere di quali dati sui clienti si dispone in modo automatico o semiautomatico e su cosa si potrebbe fare in termini di sviluppo clientela, con azioni di marketing, avendo certi dati aggiuntivi (quali?).**

**Marketing 4.0**

Il marketing 4.0 apre il mondo delle imprese a un cambiamento senza precedenti. La connettività viene sempre più utilizzata nei rapporti con clienti, collaboratori, partner esterni e anche competitor. Sì, anche con i competitor, perché ci sono sempre meno comparti e settori stagni e la cooperazione permette spesso di creare tipologie di prodotti e servizi che hanno più appeal per i clienti e di dare, così, nuovo slancio a tutte le aziende coinvolte.

I costi di approccio a nuovi mercati e nuove modalità cambiano rapidamente (verso il basso!) il che significa, da un lato (in senso positivo), la possibilità di operare su nuovi mercati settoriali o geografici senza incorrere in enormi spese fisse iniziali. Dall'altro lato (in senso negativo) anche i nostri tradizionali mercati forti sono più soggetti e aperti ad attacchi della concorrenza, magari da aziende piccole o lontanissime che prima neanche conoscevamo.

Nel libro *Marketing 4.0* di Philip Kotler, troviamo moltissime tecniche ed esempi di applicazione che possono darci buoni spunti. Tuttavia va tenuto presente che i nuovi approcci nel marketing chiedono sì tendenzialmente meno investimenti fissi, soprattutto iniziali, ma molto più impegno mentale, organizzazione e competenze specifiche.

I nuovi approcci vanno studiati e applicati bene e integrati nel business plan aziendale prima di procedere agli investimenti. Una media azienda del settore food ha comperato un nuovo sistema che permette ai clienti di ordinare direttamente con un'App e con riferimento all'offerta da loro preferita e al listino prezzi personalizzato; ma non essendo integrata nel piano marketing, con tutti i lavori di collegamento e fecondazione reciproca necessari, è rimasta inutilizzata per più di un anno. E sappiamo che un anno per i sistemi operativi e applicativi è un tempo molto lungo, perché nel frattempo potrebbero già essere cambiati alcuni parametri e tecniche digitali.

**CONSIGLIO n. 41: dai importanza alle nuove tecniche di marketing per lo sviluppo delle tue attività, ma valuta anche l'impegno mentale e le conoscenze necessarie per applicarle.**

### M-commerce e Omnichannel

M-commerce (Mobile Commerce) è lo sviluppo dell'e-commerce specificamente per le apparecchiature mobili come smartphone e tablet. Si sta sviluppando a velocità impressionante (si prevede un +250% entro il 2021), molto più velocemente dell'e-commerce che, dal canto suo, continua a crescere molto più velocemente del commercio tradizionale.

M-commerce è adatto a tutte le attività che si rivolgono al consumatore finale, sia direttamente, sia attraverso rivenditori. Richiede che il sito sia concepito anche per l'uso veloce tramite dispositivo mobile, che le modalità per eseguire l'ordine siano semplificate e che ci siano varie possibilità di pagamento sicuro, oltre naturalmente a un buon collegamento e la garanzia della sicurezza.

M-commerce consente la raccolta di una maggiore quantità di dati sul cliente e quindi una maggiore personalizzazione delle offerte dirette, nonché l'applicazione di strategie promozionali differenziate come, ad esempio, via SMS oppure legate alle App maggiormente diffuse sui dispositivi mobili.

**CONSIGLIO n. 42: se vendi, o vuoi vendere anche direttamente al consumatore finale, valuta le opportunità del M-commerce.**

L'Omnichannel (a volte anche chiamato Multichannel), invece, è più adatto ai settori i cui prodotti hanno una maggiore necessità di essere visti e/o provati fisicamente e/o spiegati. Consiste nell'abbinamento di promozioni e vendite sia online, sia offline, nei punti vendita fisici. Se già disponi di una rete di negozi propri oppure di rivenditori, può dare un notevole impulso alle vendite anche nei tuoi negozi e, nel caso dei rivenditori, far crescere la collaborazione in quanto, indirizzando i clienti finali già interessati al loro negozio, fornisci loro un valido supporto per aumentare gli affari.

**CONSIGLIO n. 43: se la vendita dei tuoi prodotti richiede o è favorita da un contatto fisico, applica una strategia Omnichannel a supporto anche dei tuoi rivenditori o negozi propri.**

### Smart Working

Perché oggi continuiamo, nella maggior parte delle aziende, ad avere grandi archivi cartacei, a spostarci tutti i giorni dal posto dove abitiamo e abbiamo la nostra famiglia al posto dove lavoriamo, sperperando ogni volta un'ora o due ore della nostra vita, contribuendo a inquinare l'aria, a creare caos di traffico ecc.?

Non nascondiamoci che ci sono tante buone ragioni (o pretesti?) per continuare a farlo: per tutti il piacere di vedersi personalmente, di sentire di appartenere a un gruppo, di poter stampare e archiviare, e per il capo, di poter controllare che il tempo di lavoro sia effettivamente speso per il lavoro, di avere il "senso di controllo".

**CONSIGLIO n. 44: cerca di basare il rapporto di lavoro non più sul tempo ma sul valore aggiunto prodotto: "questi sono gli ambiti di tua competenza"**

Ci sono anche numerosi aspetti che dovrebbero spingerci ad adottare lo Smart Working: la soddisfazione e l'impegno sul lavoro degli smart worker generalmente sono molto più alti, la produttività sul lavoro aumenta, c'è più concentrazione sulle proprie responsabilità e ci sono molti benefici per l'organizzazione interna a seguito dell'analisi e della riorganizzazione delle competenze necessarie per implementare lo Smart Working. E in più è sempre più ricercato da collaboratori con talento.

La resistenza ad adottare questa strategia forse è proprio dovuta alla nostra difficoltà a riorganizzare il lavoro, perché è soprattutto di questo che si tratta nello Smart Working. Sappiamo tutti che, almeno per i lavori non strettamente di produzione, le possibilità tecniche per poter lavorare e far lavorare in un posto vicino a casa, o proprio in casa, ci sono tutte, non occorre neanche elencarle.

Quello che ci frena maggiormente è più che altro il nostro approccio mentale. Come faccio a mantenere il controllo di quello che viene fatto? Come faccio a dare obiettivi e compiti precisi a chi non vedo sul lavoro? Come faccio a controllare che i progetti vengano effettivamente svolti nei tempi e nei modi concordati? Come faccio a fidarmi di tutte le persone e del fatto che non vengano resi pubblici dei dati segreti o strategici?

Non illudiamoci, tutti questi rischi ci sono comunque, in ogni caso, anche quando lavoriamo in un ufficio comune. Ci vuole solo il coraggio e la capacità di vedere le cose da un'altra angolatura. Per aiutarci negli aspetti tecnici e organizzativi, ci sono ormai molti consulenti e associazioni.

Vedrai che, una volta affrontato e organizzato, lo Smart Working ti dà molta più libertà di concentrarti sul tuo ruolo e su quelli che sono i compiti centrali dell'imprenditore (vedi alcuni punti affrontati nei capitoli di questo libro). Proprio per superare queste resistenze e i dubbi iniziali, molti consulenti partono con progetti che permettono di vedere rapidamente un ritorno dell'investimento (anche del 100% in un anno!).

Lo Smart Working ci aiuta a guardare molto oltre i limiti organizzativi che ci siamo posti finora. Prova a immaginare una situazione di questo tipo:

- Anziché lavorare in 30 persone in un ufficio che comincia a essere un po' stretto, siete solo in 18-20 perché ogni collaboratore ha la facoltà di lavorare fuori ufficio per 2 giorni la settimana. Quando ci sono delle cose importanti da dire, comunicate via intranet, Skype o simili. Poi, ovviamente, rimangono anche le riunioni dove partecipano tutte le persone se necessario e utile.

- I tuoi archivi cartacei cominciano a svuotarsi. Tutto è memorizzato nei cloud e sempre accessibile da chi ne è autorizzato, in qualunque posto si trovi. La ricerca di documenti, informazioni, statistiche, sintesi, dati ecc. avviene alla velocità del digitale.

- Non riceverai più tutta quella quantità di mail "p.c." perché le responsabilità per le singole azioni sono chiaramente assegnate e puoi controllare l'avanzamento dei lavori quando vuoi.

- Scoprirai di avere molto più tempo disponibile da dedicare alle questioni più importanti.

**CONSIGLIO n. 45: per poter valutare se lo Smart Working nel tuo caso è possibile e conveniente, fatti fare delle proposte dalle agenzie specializzate.**

## RIEPILOGO DEL CAPITOLO 6:

- CONSIGLIO n. 36: non mollare mai nella ricerca e nell'innovazione, sia nella tecnologia, sia negli aspetti soft della cultura aziendale e della gestione del personale.

- CONSIGLIO n. 37: nella selezione dei tuoi collaboratori, cerca di capire anche il "potenziale creativo".

- CONSIGLIO n. 38: per le soluzioni creative trovate dai tuoi collaboratori, crea riconoscimenti simbolici e anche economici, se è il caso.

- CONSIGLIO n. 39: riesamina il tuo ciclo vendite e l'organizzazione commerciale in ottica 4.0 eliminando le criticità di cui sopra.

- CONSIGLIO n. 40: prima di decidere come sviluppare il CRM, organizza un brainstorming/lavoro di gruppo con persone dal commerciale, dal marketing, dal servizio clienti e dall'amministrazione, per discutere di quali dati sui clienti si dispone in modo automatico o semiautomatico e su cosa si potrebbe fare in termini di sviluppo clientela, con azioni di marketing, avendo certi dati aggiuntivi (quali?).

- CONSIGLIO n. 41: dai importanza alle nuove tecniche di marketing per lo sviluppo delle tue attività, ma valuta anche l'impegno mentale e le conoscenze necessarie per applicarle.

- CONSIGLIO n. 42: se vendi o vuoi vendere anche direttamente al consumatore finale, valuta le opportunità del M-commerce.
- CONSIGLIO n. 43: se la vendita dei tuoi prodotti richiede o è favorita da un contatto fisico, applica una strategia Omnichannel a supporto anche dei tuoi rivenditori e negozi propri.
- CONSIGLIO n. 44: cerca di basare il rapporto di lavoro non più sul tempo ma sul valore aggiunto prodotto: "questi sono gli ambiti di tua competenza"
- CONSIGLIO n. 45: per poter valutare se lo Smart Working nel tuo caso è possibile e conveniente, fatti fare delle proposte dalle agenzie specializzate.

# Capitolo 7:
# Perché seguire i trend dell'etica sociale

*Il vizio trattato in questo capitolo è quello di non dare abbastanza importanza al rispetto ambientale e sociale. Le conseguenze possono essere la perdita di simpatia e considerazione da parte dei clienti e, quindi, il declino del fatturato.*

Tra i principi base dell'evoluzione della vita ci sono:

1. La ricerca e l'aumento delle possibilità di sopravvivenza e di sviluppo del gruppo ristretto (famiglia, famiglia allargata).
2. La ricerca dello sviluppo del gruppo di appartenenza.

Anche noi, come imprenditori, dobbiamo aumentare le possibilità di sviluppo personale e del gruppo ristretto, ossia rendere la nostra impresa più produttiva possibile e con le migliori possibilità di sviluppo per il futuro. E già questo risponde anche al secondo principio base perché, cosi facendo, contribuiamo a creare lavoro e sviluppo anche per la collettività di appartenenza.

Oggi però si fa sempre più stringente la necessità di allargare il nostro contributo al presente e al futuro con una maggiore attenzione alle risorse utilizzate, lo sviluppo del riciclo, la riduzione dell'inquinamento; come pure dal lato propositivo: contribuire alla giusta preparazione scolastica e professionale offrendo anche degli stage conoscitivi e motivazionali, dando il proprio supporto ideativo e di capacità concettuale per iniziative che portano a uno sviluppo equilibrato.

Tutto questo va sotto il termine di *responsabilità sociale*, spesso indicata con il termine inglese ormai più usato come chiave di lettura: Social Responsibility. Dove puoi, fai qualcosa per rendere più attiva e piacevole la società in cui vivi, contribuisci allo sviluppo sociale ed economico.

Ad esempio, un'impresa di medie dimensioni, attiva nella produzione di abiti da sposa e situata in un piccolo paese piemontese, ha organizzato corsi di sartoria per i giovani e manifestazioni culturali per dare slancio al paese. Un'azienda della distribuzione organizzata di Napoli ha invece offerto degli stage per studenti, non per sfruttarli come manodopera a basso costo, come spesso si tende a supporre, ma per insegnare le basi del lavoro e far loro vivere la gratificazione che deriva da un lavoro ben fatto.

Creare una cultura etica fa bene anche al proprio business. Sempre più consumatori stanno attenti a come si muovono le aziende in termini ambientali, di sicurezza del lavoro, di provenienza delle materie prime ecc. Dare prova di voler seguire questi valori aiuta a creare una buona immagine e ad attrarre gli "high potential", i giovani talenti.

Sempre di più le aziende utilizzano il proprio comportamento etico anche nelle strategie di marketing e comunicazione. Spesso, oltre a definire la propria Vision (vedi capitolo 1), creano anche un codice etico/comportamentale con le linee guida per il comportamento organizzativo e di quello dei collaboratori. E scelgono i propri collaboratori non solo in base alle loro competenze professionali, ma anche in base all'allineamento dei loro valori personali con il codice etico dell'azienda. Tutto questo produce una maggiore motivazione e una più duratura e proficua permanenza dei collaboratori in azienda.

**CONSIGLIO N. 46: adotta anche tu un codice etico in azienda.**

Milton Friedman ha scritto che la responsabilità sociale delle aziende è aumentare i propri profitti ma rispettando le regole. Regole che oggi non sono solo di tipo legale ma sempre di più di tipo etico, sociale e ambientale.

**CONSIGLIO n. 47: utilizza i comportamenti etici dell'azienda anche per la pubblicità e le pubbliche relazioni.**

RIEPILOGO DEL CAPITOLO 7:

- CONSIGLIO n. 46: adotta anche tu un codice etico in azienda.
- CONSIGLIO n. 47: utilizza i comportamenti etici dell'azienda anche per la pubblicità e le pubbliche relazioni.

# Conclusione

Come avrai notato, nello sviluppo dei concetti non ho cercato di applicare molto le "ricette scientifiche". Non perché non siano fondate o siano errate, ma semplicemente perché si trovano in tantissimi libri e perché tantissimi consulenti le offrono.

Ho invece cercato di sviluppare una visione dell'azienda come un insieme, evitando, per quanto possibile, di settorializzare troppo (per settore qui intendo sia il reparto di un'azienda, sia il settore merceologico).

Ho privilegiato una visione fondata sulla logica dell'evoluzione della vita, senza alcuna pretesa di essere sempre riuscito in questo sforzo. Questa, secondo me, è una logica molto duratura e fondata.

È vero, anche nella logica dell'evoluzione ci sono sempre state delle deviazioni, dei rami secchi, delle forme di vita che dopo un po' sono sparite perché non più "competitive" in quel dato ambiente. Tuttavia si ragiona in termini molto più lunghi di qualunque ricerca scientifica.

**Pensiero sistemico vs. pensiero analitico**

Immaginiamo di avere questa situazione: le vendite del trimestre non sono a un livello soddisfacente. Se usiamo un approccio analitico (cioè tipo causa-effetto) diremo: «I venditori devono impegnarsi di più» e magari organizzeremo un "evento motivante", un corso di vendita, oppure lanceremo un nuovo programma di incentivazione, oppure sostituiremo i venditori meno produttivi o, ancora, inseriremo altri venditori aggiuntivi.

Se invece usiamo un approccio sistemico (cioè di tipo circolare) valuteremo, oltre all'operato e alle prestazioni dei venditori, tutta una serie di fattori che influenzano le vendite:

- la gamma di offerta;

- il listino prezzi e le condizioni di vendita;

- i supporti digitali;

- i canali di vendita;

- la catena del marketing;

- la situazione del mercato e della concorrenza.

Ma ci sono molti altri elementi che influiscono sul sistema. Molti di questi sono, a loro volta, influenzati da altri fattori. Ad esempio, i prezzi possono dipendere non solo dalla nostra politica dei prezzi, ma anche dai nostri costi di approvvigionamento e produzione: pertanto è lì che dobbiamo cercare di mettere mano. Ecco perché si parla di approccio sistemico o circolare.

In quest'ottica, ripercorriamo i 7 capitoli dedicati ai vizi capitali e vediamo come meglio trasformare i vizi in virtù.

1. Verifichiamo in tempo le possibili minacce esterne al nostro business ricordandoci che, quando si fanno palesi, potrebbe essere già tardi.

2. Facciamo crescere in azienda il senso di appartenenza

condividendo il "grande disegno", cioè la Vision e i valori.

3. Cerchiamo di immedesimarci nella posizione dei nostri clienti: se fossimo al loro posto, cosa cercheremmo? Di cosa avremmo paura? Come ci comporteremmo?

4. Verifichiamo anche cosa fanno i nostri competitor, per cogliere in tempo le loro mosse.

5. Applichiamo alcune semplici strategie per far sentire ai collaboratori che la nostra azienda è anche la "loro azienda" dove devono avere piacere a mettere impegno e idee.

6. Teniamo sempre d'occhio le possibili innovazioni nella produzione, nell'amministrazione e, soprattutto, nel marketing e nelle vendite.

7. Impostiamo la nostra attività secondo i principi etici, per convinzione e anche per convenienza.

*Un ultimo consiglio*: ripercorri le pagine di riassunto dei singoli capitoli e segna con il colore verde le idee che stai già applicando (e per le quali puoi premiarti simbolicamente) e con il rosso quelle che ti sembra utile approfondire. Metti in agenda quando intendi realizzarle concretamente!

Infine, se gradisci condividere le tue esperienze positive e negative, o se ti fa piacere a entrare in contatto con me, ti invito a inviarmi un messaggio. Sarò lieto di risponderti il prima possibile.

info@helmutrauch.it
www.helmutrauch.it